Listening &Speaking

これ1冊で英語の

リスニング・スピーキングが上達!!

〈第2版〉

戸髙裕一
Yuichi Todaka

学文社

はじめに

　本書の目的は，**1学期間でリスニング・スピーキング力を育成するという観点ではなく，今後どのような要素に気を付けて学習すべきなのか，また，それぞれの要素に関する学習法はどのようなものか**を示すことです。

　最近の研究結果では，大学生(特に一年生)の場合には，「明確な英語学習理由・目的」の設定が不可欠とされています。大学入試が学習理由であった学生は，大学に入学し明確な英語学習理由がありません。'現在よりも英語が理解できるようになりたい'とか'ネイティブの言うことがもう少し理解できるようになりたい'などの学習理由では継続は期待できません。皆さんは，英語学習をはじめるにあたり，まず，明確な学習理由，例えば，「今学期中に英検2級合格する」とか「TOEICで50点点数を伸ばす」等の具体的な学習理由を確立させてください。その上で，継続した学習を行うことが大切です。とはいえ，学習が長続きしないという人もおられるでしょう。本書では，どのようにすれば学習が継続できるか，その方法を紹介しています。また，本書は，各章に練習問題を取り入れ，随時自分で復習，反復練習できるように構成していますので，学期の授業が終了しても，継続して自分で学ぶことができます。

　本書で重要なキーワードは「楽習」です。単に机に座って単語を覚えるとか文章を暗記する「学習」では継続はできませんが，英語学習法が楽しければ，継続が可能となります。では，楽しい学習とは何を指すのでしょうか。例えば，テニスの好きな学生は自分自身から進んでテニスの練習をしますし，洋画が好きな学生は洋画を楽しんで見ます。このように自分の趣味に合わせた学習が「楽習」です。私は，洋楽が好きな学生には洋楽を勧め，洋画が好きな学生には洋画を教材として勧めています。テニスが好きな学生には洋画でテニスを扱った内容のものを選ぶことを勧めています。

　洋画は英語の聴解力・発話力育成の最適な教材です。洋楽と違い，実際に発話中の場面を視覚的に捉えることができるからです。発話者の意図の7割近くがノン・バーバルの要素(例：態度，目線，ジェスチャー，距離間等)で発信されていると言われています。例えば，「君は賢いね。」を皮肉っぽく言うことで真逆の意図を聞き手に伝えることができます。つまり，私たちが日本語でコミュニケーションを図っている際には，発せられた言葉のみではなく，ノン・バーバルの要素も無意識の内に捉え，発話者の意図を理解しているのです。よって，洋画のように会話場面が視覚的に捉えることができる教材は，ノン・バーバルの要素がどのように話者の本心を伝える上で活用されているのかを見ながら理解できます。また，これらの要素は文化によって異なる場合が多いので，口語コミュニケーション能力に欠かせない異文化理解についても学ぶことができるのです。

　本書では，そのことを踏まえ，各章に「シャドーイング」の練習問題を取り入れています。'シ

i

ャドーイングはただ単に聞えてくる音声を復唱するのではなく, (1)発話者と聞き手の関係, (2)発話が行われている状況, (3)ノン・バーバル要素の役割などをしっかりと把握して練習しないと何度復唱しても自分のものにはなりません。友達同士の会話なのか, あるいは, 教員との会話なのかに焦点を当てて理解することで, 英語ではどのように親しい関係を表現するのか, 目上の人にはどのような表現が失礼にあたらないのかが分かってきます。また, フォーマル(例: 入社式)な状況なのか, あるいは, インフォーマル(例: 酒場)な状況なのかでも使われる表現が変わってきますし, 先程述べたノン・バーバルの役割も重要になってきます。そのようなことを理解し「シャドーイング」の練習をすることで, 単に言葉を暗記するのではなく, どのような状況でどのような相手と会話する場合に適切な表現とそれに伴うノン・バーバルな要素の活用法も身に付けることが可能となり, 口語運用能力の育成に繋がるのです。

教授用資料(希望される方に郵送いたします。)と共に作成したCDは, 現実を想定して雑音も録音されてる練習問題もあります。実際に私たちが会話を行う際には, 周りには様々な音の存在があり, 中学・高校などで扱う防音室で録音された状態での会話は皆無です。また, 同じアメリカ英語話者でも理解しやすい明瞭な声の話者もいれば, 聴きにくい声の話者もいます。よって, 本書では, なるべくたくさんの話者に録音協力を依頼してCDを作成してあります。皆さんが今後出会うであろう様々な話者と臆することなく会話ができるようになる一助になれば幸いです。

2013 年 12 月

著　者

第 2 版へのはしがき

第2版は, 英語学習動機に関する最新の調査結果を踏まえて, 序章に学習動機の重要性を記述した。学生の皆さんは, 序章をよく読んで英語学習に取り組んでもらいたい。「英語学習継続のコツは楽しむこと」にある。

2018 年 12 月

著　者

目　　次

序　章　英語学習動機（English learning Motivation）‥‥‥‥‥‥‥‥‥‥‥1

第1章　聴解力・発話力（Oral Communication Skills）‥‥‥‥‥‥‥7

第2章　音声の生成と発声訓練（Aerodynamics and Articulation）‥‥‥‥‥17
　　1．音声の生成（Articulation）　　*18*
　　2．発声訓練（Aerodynamics）　　*18*

第3章　アクセントと語強勢（Accent and Word Stress）‥‥‥‥‥‥‥‥‥25
　　1．アクセント（Accent）　　*26*
　　2．語強勢（Word Stress）　　*26*

第4章　復　習Ⅰ（Review I）‥‥‥‥‥‥‥‥‥‥‥‥‥‥‥‥‥37
　　1．今まで学習した内容を確認しよう　　*38*
　　2．2・3章で練習した内容を復習しよう　　*40*

第5章　文強勢（Sentence Stress）‥‥‥‥‥‥‥‥‥‥‥‥‥‥49

第6章　リズムと強勢移動（Rhythm and Stress Shift）‥‥‥‥‥‥‥57
　　1．リズム（Rhythm）　　*58*
　　2．強勢移動（Stress Shift）　　*59*

第7章　復　習Ⅱ（Review II）‥‥‥‥‥‥‥‥‥‥‥‥‥‥‥‥65
　　1．5・6章で学んだことの復習をしよう　　*66*
　　2．5・6章で練習した内容を復習しよう　　*68*

第8章　連　結（Linking）‥‥‥‥‥‥‥‥‥‥‥‥‥‥‥‥‥‥75
　　1．音の連結（Linking）　　*76*

第9章　同　化（Assimilation） ·················· 83

　　1．進行同化（Progressive Assimilation）　*84*

　　2．逆行同化（Regressive Assimilation）　*84*

　　3．相互同化（Coalescent Assimilation）　*84*

第10章　音の脱落（Elision） ·················· 91

　　1．2種類の音変化（Two Types of Elision）　*92*

第11章　イントネーション（Intonation） ·················· 99

　　1．基本的なイントネーション型　*101*

第12章　子　音（Consonant） ·················· 113

　　1．子音（Consonant）とは　*114*

おわりに ·················· *126*

主な参考文献 ·················· *127*

模範解答 ·················· *128*

iv

英語学習動機

(English learning Motivation)

Chapter 0

英語学習動機
(English learning Motivation)

まず初めに「動機とは」何かを goo 国語辞典で調べてみると，以下のような定義が書いてある。

1．人が意志を決めたり，行動を起こしたりする直接の原因。「犯行の動機」「タバコをやめた動機」
2．《motive》心理学で，人間や動物に行動を引き起こし，その行動に持続性を与える内的原因。
3．倫理学で，行為をなすべく意志する際，その意志を規定する根拠。義務・欲望・衝動など。

　これらの定義をよく読んでみると，重要なのは，「自らの意思で決める」ことである。他人から与えられて決めたものは，「動機」とは見なさないことが理解できる。それでは，英語学習動機に関してどのような研究がなされてきたのか考えてみることとする。
　英語学習動機に関する論文では，「目標設定理論」，「期待×価値理論」，「自己決定理論」，「自己効力感理論」，「第二言語動機システム」など様々な理論が提案されている。これらの理論に共通する事項は，「自らの意思で目標を決定する」ことである。特に最近研究者間で注目を集めているのは，「第二言語動機システム」である。この理論に基づくと，学習者は将来英語を駆使して活躍している自己の未来像を確立することが重要であると捉えている。この理論は，「学習者自ら」が自己の英語を駆使している未来像を確立することの重要性を提案している。英語学習過程で，イメージ・トレーニングを活用し，英語を駆使している自身の未来像を五感（視覚・聴覚・嗅（きゅう）覚・味覚・触覚）を通じて具体的に想像できればできるほど英語学習の継続ができるという考えである。
　イメージ・トレーニングとは，オリンピック選手が良く活用するメンタル・トレーニングと考えてよい。例えば，5年後の就職先である事務所を頭に浮かべ，その時目に見えるものは何か，どのような会話が周りで行われているのか等具体的にイメージをすることがここで言うイメージ・トレーニングである。
　ここまで述べてきた「動機」の定義と研究者らが提案した英語学習動機に関する考えに共通することは，「学習者自身が目標を設定する」ことである。
　それに対して，私たち日本人が英語を学習するとはどういうことなのだろうか。最近の文部科学省の英語教育改革案によると，今後英語学習時期が小学校3年生からとなり，5年生からは英語が教科として指導されている。また，中学校でも，現在の高等学校と同様に授業は基本的に英語で教えることになる。これらの英語教育改革案では，（1）英語の4技能を身に付けさせることと，（2）日本人としての自覚を促す，という命題で改革を行うこととなる。
　私は，英語を大学で教え始めて26年になるが，学習者の英語学習に対する態度を見ていると，

英語学習動機 (English learning Motivation)　序

　大学生になって英語の学習理由がない学生がたくさんいる。それはなぜなのか考えてみよう。

　小学校から英語を学んできた学習者たちに「なんで英語を勉強してきたの？」と毎年質問をすると，彼らからは，以下のような回答が返ってくる。

● 小学校5年生になったら英語の授業があったから。
● 両親や先生に将来英語ができたら役に立つと言われたから。
● 高等学校・大学受験に合格しないといけないから。
● 友達が勉強しているから。
● 両親や先生に勉強しなさいと言われたから。

　彼らの英語学習理由には，**一つの共通した要素**が含まれている。それは，**英語を今まで学習してきた理由は，彼ら本人が決めた理由ではない**ということである。つまり，学校で英語の授業があるから，あるいは，両親や先生から勉強しなさいと言われたからとの理由は，周りの人たち，あるいは，学校のカリキュラム上学習することになっているからということである。これらの学習理由は，先に述べた「動機」の定義や研究者の考えと真逆であり，英語学習が継続できない理由が理解できる。

　私は，実際に赴任している大学の新入生に対して過去5年間「英語学習の維持ができている学習者とそうでない学習者」にどのような違いがあるのかについて調査を行ってきた。その結果，大学の講義がない夏休みや春休み期間中にも定期的に英語学習を行っている学生には，一つの共通点があった。それは，それぞれの学生が**明確な英語学習理由を持っている**ということである。それらの学習者たちが全員同じ明確な英語学習理由を持っているということではない。それぞれ異なった学習理由を持っているが，共通するのは，**彼ら自身で明確な英語学習理由を確立していることである。**

　人に与えられた英語学習理由で英語を勉強している学習者は，講義のない夏休みや春休みの時期には勉強はしない。また，「将来英語ができれば役に立つ」と理解できている学習者でも英語学習が継続できない。

　「将来英語ができれば役に立つ」と理解できている学習者でも，その英語学習理由があまりにも漠然としており，また，入学したばかりの学生は将来のことはあまり真剣に考えてないのが現状である。よって，「英語ができれば将来役に立つ」ということは頭の中では理解できていても，実際の英語学習までには至らない。

　英語学習が自分自身にとってどのようなことなのかという質問は当たり前のことのように思えるが，実は学習者は，英語学習を始めた小学校の頃からそのような質問をされた経験がほとんどない。ほとんどの学習者は，英語を勉強しなくてはいけないからとか，勉強をしなさいと

言われたからという理由で英語を勉強してきているので,「自分自身にとって英語を学習する理由は何か」と考えさせることはとても重要になってくる。

　前述した英語学習動機に関する論文（e.g. Chan, 2010）では，英語学習者に英語が堪能になっている自身の未来像をイメージ・トレーニングによって確立させることが大切であることが重要だと説明した。確かに，将来の目標を確立させ，その目標を実現するための短期・長期の学習計画を立てさせて学習継続を促すことは重要であるが，**日本人英語学習者にとってもっと重要なことは,「明確な英語学習理由」を学習者自身が確立し，その理由をしっかりと理解しながら将来の目標設定を行うことである**。英語を学習しているのだから，学習理由を問う必要がないと思う研究者も多い中で，私は，学習者自身が考え，答えを導き出した明確な英語学習理由がないと，どんなに目標設定を促しても実際の学習には繋がらないと考えている。事実，多くの入学生にとって英語を駆使した未来像を確立することは困難である。また，そのような未来像を確立させても英語学習の理由が確立されていなければ実際の英語学習は行なわない。

　それでは，私が担当している学習者たちが自身で確立した明確な英語学習理由とは，どのようなものなのかいくつか紹介する。

- 昔から洋楽が好きで，毎日聞いているので，歌の内容を理解できるようになりたい。
- とにかく洋画が好きなので，日本語の字幕なしに映画を楽しめるようになりたい。
- バイト先に外国人がたくさん来るので，友達になりたいので，英語が話せるようになりたい。
- 大学で TOEIC を受けることになっているので，TOEIC で高得点を取りたい。
- 英語の先生になりたいので，英語のコミュニケーション力を身に付けたい。
- 英語の音がとにかく好きなので，英語の発音を上達させたい。
- 英語の文学作品を読むのが好きなので，読めるようになりたい。

　これらの明確な英語学習理由は，学習者自身が決めたものである。このような学習者たちは，夏休み期間中も楽しみながら学習継続ができている。学習者自身が明確な英語学習理由を理解できたならば,「では，どの程度それぞれが決めた英語の技能の側面を伸ばしたいのか」という学習目標の設定に移行することができる。ここでも重要になってくるのが，学習目標を学習者自身で設定することである。私たち教員が目標を設定しても，その目標を達成することはできない。

　私が考える英語「楽習」とは，学習者一人ひとりが今後の人生において生活の一部として楽しみながら継続していくことである。昨年，放送大学の英語学習者たちを教える機会があった。多くの学習者は 50 歳から 70 歳位の方々だった。私よりも年配の方々が英語を学習しているこ

とに感動しながら，それぞれの方々に「なぜ英語を学習しているのですか」とお聞きしたところ，「妻と海外旅行に毎年行くので，少しでも自分で買い物とかレストランの予約ができるようになりたい」，「洋画が好きなので，字幕なしに好きな俳優の英語が理解できるようになりたい」，などの理由で学習をしているとのことであった。

　放送大学の英語学習者たちに接する機会が持てたことで，英語学習とは何かを教えられた気がした。大学教員になりたての頃は，担当する英語学習者の英語力を担当期間中に伸ばすのが私の使命であり，そのためには様々な課題を与えて指導することが重要である，と考えていた。その結果，私が担当する一学期間は英語の楽しさや不安のない授業をすることを心掛けることで，ほとんどの学習者の英語のリスニング力を伸ばすことができたが，彼らと夏休みが終わり，後期に会った時に，「英語の学習は継続できた」と聞いてもほとんどの学習者が継続できていなかった。私が指導してから一年後の彼らの多くは英語学習を行っていないことにも気づいた。また，卒業生に会う機会もあるが，ほとんどの卒業生は，仕事で英語を使わないので，英語学習はしていないことも分かり，落胆したのを覚えている。

　読者の皆様にとって自身の英語学習を考える上で参考となるサイトをここに紹介させていただくこととする。ここで紹介するサイトは，実際に英語学習を継続している方々が書かれたサイトである。日々英語を学習している他の日本人の方々がどのような学習理由で英語学習を継続しているのかはとても参考になる。ここで紹介させていただくサイトでの情報はあくまでも参考資料として捉えて，読者の皆様自身で明確な英語学習理由を見つけることができるならば，今後の英語学習を楽しく継続できるようになると確信している。

【参考になる英語学習理由サイト】

１．『英語学習で目的と目標を決めることの重要性。必要なのは英語を学ぶ理由』

　　https://marnie-partners.com/goal-setting-for-learning-english/

２．『英語学習で一番大事なのは英語を勉強する「理由」であり「方法」ではない』

　　https://hashimototsutomu.com

３．『英語を学ぶ本当の目的は？英語を学ぶ目的別・英語勉強法を伝授！』

　　https://eigo.plus/eigobenkyo/study_english-4

４．*bizmakoto.jp/makoto/articles/1107/12/news006.html*

５．『英語で悩むあなたのために』

　　roundsquaretriangle.web.fc2.com/new/01_14.html

Chan, H. Y. L. (2014). Possible selves, ision, and dynamic systems theory in second language learning and teaching. PhD thesis, University of Nottingham. http:/eprints.nottingham.ac.uk/14301/1/Letty_Thesis_June2014.pdf.

平成 31 年 3 月末日　　　戸高裕一

聴解力・発話力

(Oral Communication Skills)

Chapter 1

第1章 聴解力・発話力
(Oral Communication Skills)

英語の**聴解力**(listening skills)**育成**に必要な要素には，

（1） 世事に関する広い常識・知見

[理由] 様々なテーマに関するリスニング問題に対応できるように，日々新聞・ニュース等で背景知識を培う必要があるから。

[学習法] 日本語の新聞を毎日読む。また，テレビで世界各国で起こっている事項について学ぶ。

（2） 音声の特徴の理解・知識

[理由] 簡単な発話が理解できないのは，自分が予想している発音とネイティブの発音にあまりにもギャップがあるからである。よって，そのギャップを埋めるためには，英語音声の特徴の理解が不可欠であるから。

[学習法] 本教材を夏季休業中に復習する。

（3） まとまった内容の英語を聞いて瞬時に認識し記憶する力

[理由] 相手の発話の大意を瞬時に理解するためには，その内容を記憶(理解)できる能力が必要であるから。

[学習法] 短い文を日々文字原稿(字幕)なしで反復練習する。

（4） 多様な地域的・社会的アクセント［訛り］に関する知識

[理由] リスニング・テストには米語・イギリス英語・オーストラリア英語が導入されている。それらの英語に普段から慣れることで，対応可能になるから。

[学習法] 様々な国を舞台とした洋画を見て慣れる。

（5） 文字原稿による段階的な学習

[理由] 何度聴いても分からない発話に時間を割くよりも，原稿を見ながら聴くことで有効的に時間の活用ができるようになるから。

[学習法] 洋画の中のセリフを字幕を見ながら聴き，その後，字幕なしで確認する。

（6） 文化的背景，ないし，異文化理解

[理由] 相手の発話を的確に理解するためには，話し言葉以外の情報(例，言い方，態度，目線，距離間等)が重要な役割を果たしている。それらのノン・バーバルの情報伝

達法は文化によって異なる。従って異文化理解をすることで，話者の意図を的確に
理解できるようになるから。

[学習法] 洋画の場面で音声以外の情報に焦点を当て，それらのノン・バーバルの情報が発話
の意図にどのように影響を与えているのか理解する。

などがある。

英語の**発話力**(speaking skills)**育成**に不可欠な要素には，

（1）　音読とシャドーイング

[理由]　　音読には主に２つの目的がある。（１）英語を口から出すことに慣れる，（２）「通じる」
発音習得に役立つから。また，シャドーイングを目的・方法を的確に理解しながら
行うことで，リスニング・スピーキング力育成ができるから。

[学習法] 今学期使用した英語教材と洋画を活用する。

（2）　繰り返し練習

[理由]　　様々な事項に関して話ができるようになるためには，100 ～ 1,000 回位繰り返し練
習しないと実際では使えない。よって，何度も繰り返して練習することで実際に会
話をする時に円滑にコミュニケーションが図れるようになるから。

[学習法] 同じ教材・洋画を最低 10 回繰り返し練習する。

（3）　補償ストラテジー

[理由]　　言葉に詰まった時に，日本人学習者は黙り込んでしまう。それを回避する良い方法
は「言い換え練習」である。普段から「言い換え練習」をすることで，円滑なコミュニ
ケーションができるようになるから。

[学習法] 中学校で学んだ単語を使って，言い換え練習をする。すべての単語が言い換えられ
るようになったら，洋画で俳優が言い換えをしている場面があれば必ず書き留めて
自分のものになるまで繰り返し練習する。

（4）　機能能力（例：依頼，要求，謝罪）

[理由]　　我々が他者とコミュニケーションをする目的は，様々な機能を果たすためである。
よって，様々な機能が英語で果たせるようになれば，円滑なコミュニケーションが
可能になるから。

[学習法] 洋画の場面を機能別にノートを作成し，例えば，「依頼」の機能の果たし方のたくさ
んの表現を書き留めて自分のものになるまで繰り返し練習する。

(5) 社会言語能力

[理由]　日本語でも相手・状況により話し方を変える。英語も同様に相手・状況に即した表現ができるようになれば，円滑なコミュニケーションを図ることができるから。

[学習法]　(4)の内容を更に相手・状況で細分化し書き留めて自分のものになるまで繰り返し練習する。

などがある。

　最近の研究動向によると，**英語学習に対する明確な理由の確立**が重要であるとされている。ただ漠然と「英語が話せるようになりたい」ではなく，大学時に何のために英語を勉強するのかを明確に理解していなければ学習に繋がらない。特に入学後間もない1年生にとって，大学入試に合格することが英語学習の明確な理由であったはずである。現在大学に入学して，その理由は達成できているので，今後の英語学習理由を再度明確に確立することが学習動機・継続に繋がる。まず短期間の英語学習に関する理由を明確に（例えば，今学期の目標は英語のクラスで全てAを取る，英検2級に合格する）する。その後，重要な事項は，**「自己効力感」**の養成である。「自己効力感」とは，自己の可能性，つまり，私はやればできるという信念が重要とされている。「自己効力感」育成には，(1)過去の達成感，(2)ロール・モデルの存在，(3)教員からの激励，(4)不安のない安心な学習環境が必要と言われている。特に，(1)過去の達成感が自己の有能性を高める上で重要である。明確な学習理由の確立と自己効力感を高めることで，英語学習に対しての肯定的な姿勢が形成される。つまり，英語の勉強をしたいという姿勢である。肯定的な姿勢が形成されたならば，次に重要なのが，**学習方略**(どのように学習するのか)，と**メタ認知能力(学習計画，自己点検・評価)**が重要であるとされている。肯定的な学習姿勢の形成に伴い，効果的な学習法を学び，それを活かした学習計画の設定，自己点検，評価を経て，**具体的な目標**が見えてくる。これらの内容を以下図で示す。

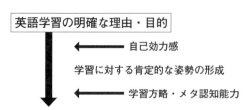

　そこで，本書では，以下の点を考慮し1年間の学習計画表を作成し，学習者が記入できるように構成した。また，各章の最後に自己評価チェックリストを設けた。すなわち，毎週の授業でどのような内容を学び，どの程度理解できたかを自己評価し，今後の学習に生かせるような構成となっている。

聴解力・発話力 *(Oral Communication Skills)*

(1)　今学期の明確な英語学習理由。

(2)　授業を通じて「自己効力感」を高める。

(3)　肯定的な英語学習に対する姿勢の形成。

(4)　学習方法を理解し，弱点や必要な能力の育成法を学ぶ。

(5)　**目標の設定**：現段階での TOEIC や TOEFL のスコアを基にして目標スコア，または，「英語検定」の目標級など，具体的な目標を設定する。

例

現在	半年後	1 年後
英検準 2 級，TOEIC 500	英検 2 級，TOEIC 600	英検準 1 級，TOEIC 700

(6)　**学習計画**：目標達成のためには，継続的な努力が必要である。ここで述べている学習継続とは，机の前に何時間座って勉強するかではなく，**「楽習」**を意味する。例えば，洋画が好きな学生は洋画を利活用した学習の継続のことである。自分の趣味・関心に合わせた学習法を考慮することで，**「楽習」**の継続が可能となる。

(7)　**自己評価**：定期的に自己評価を行う。

受験した検定結果と目標点数を比べ，自己評価・点検を行い，自分の弱点を把握し，それを克服するように努力する。

(8)　**具体的な将来像の確立**：現在の自分の英語運用能力レベルとこれから身につけたいレベルを具体的に書き出し，そのギャップを埋められるように努力する。

　以下の英文は，学習者が，自分の朗読力が学期当初から学期終了時までにどの程度上達したかを確認するための自己評価用の資料である。全文を朗読し録音して保管しておきなさい。

When a student from another country comes to study in the United States, he has to find the answers to many questions, and he has many problems to think about. Where should he live? Would it be better if he looked for a private room off campus or if he stayed in a dormitory? Should he spend all of his time just studying? Shouldn't he try to take advantage of the many social and cultural activities which are offered? At first it is not easy for him to be casual in dress, informal in manner, and confident in speech. Little by little he learns what kind of clothing is usually worn here to be casually dressed for classes. He also learns to choose the language and customs which are appropriate for informal situations. Finally he begins to be sure of himself. But let me tell you, my friend, this long awaited feeling doesn't develop suddenly, does it? All of this takes practice.

Prator and Robinett (1985) *Manual of American English Pronunciation,* 193-194.

平成　　年度　具体的な英語学習目標			
英語学習理由	前期	夏休み	後期
自己効力感の養成	本講義	夏休み	後期
学習方法の理解	本講義	理解を深める	理解を深める
検定試験	英検　　級 TOEIC TOEFL	英検　　級 TOEIC TOEFL	英検　　級 TOEIC TOEFL
音声の特徴	あまり理解できていない。	本書の自己評価チェックリストを参考にして内容を完璧に把握する。	
将来の目標			

聴解力・発話力 (Oral Communication Skills)

●●● 大切なポイント1 ●●●

　シャドーイングの本来の意味は,「尾行する」「あとをつける」である。しかし, 語学学習というコンテクストにおけるシャドーイングは,「聞こえてくる音声を, 遅れないようにできるだけ即座に繰り返しながらついていくこと」である。このような練習は, 同時通訳の訓練に入る前段階として行われてきたが, 語学学習にも効果があると考えられ, この方法が授業で用いられることが多くなっている。

　以下, 基本的な練習法についても説明する。

(1)　好きな洋画を選ぶ。

(2)　洋画の中の日常的な会話の場面を選ぶ。その際, 時間的な目安としては, 30秒～1分程度の内容とする。

(3)　その場面の内容を日本語字幕で確認し, その中に登場する人物の人間関係や状況などについて考える。(**社会言語能力・機能能力**)

(4)　登場人物の一人を選ぶ。(**現実の会話を想定**)

(5)　再度同じ場面を今回は字幕なしで, 英語ではどのように表現しているのかを2～3回聴く。(**聴解力**)

(6)　聴き取れなかった内容を英語の字幕を見ながら確認し, 再度字幕なしで聴く。(**英語音声の特徴・語彙力・聴解力**)

(7)　字幕を消し, 自分で選んだ登場人物の発言内容を聞こえたとおりに再現する。(**正確な発話力**)

(8)　うまく再現できなかった箇所を再度チェックし, スムーズに言えるまでシャドーイングを繰り返す。(**正確な発話力**)

(9)　英語字幕を見ながら音読する。この際, どうしてそのように発話するのかを考えて, 何度も繰り返す。(**音声の特徴・発話力**)

(10)　自分の音読をテープに録音し, 実際の発話と比較する。(**半年に1回**)

　シャドーイングの練習には*English Journal*(アルク)や*CNN English Express*(朝日出版社), また, TOEIC, TOEFLのリスニング用CDなども活用できる。大切なことは, 原文をそのまま再現できるように何回も繰り返し練習することである。一年間続ければ, 飛躍的にリスニング力がアップし, 発音の向上, 日常会話表現を覚えることで, 発話力, 表現力の向上も期待できる。

●●● 大切なポイント2 ●●●

補償ストラテジーとは，発話中に適切な言葉が思い浮かばないとき，調整行動方法として間を取るために，

Uh, er, um, let me see, you know, I mean, how shall I put it?

などの補充語を使って時間稼ぎをしたり，言い換えの表現を使ったり，時には母語に切り替えたり，身振り手振りを使ったりすることである。日本人学習者は，ことばに詰まると黙ってしまう傾向があるので，このストラテジーを身に付けることは極めて重要である。

社会言語能力は，対話中に様々な人間関係を配慮しながら適切な発言をしたりすることである。例えば，我々も友達と話す場合と教員と話す場合では，発言方法が違う。また，フォーマルな場面での話し方とインフォーマルな場面での話し方も違う。よって，その場面・状況・人間関係を考慮し適切な発言ができるように様々な表現を身に付ける必要がある。

機能能力とは，会話中に謝罪・要求・依頼などの様々な機能を適切に果たせる能力のことである。この能力は，社会言語能力とも密接な関係があり，場面・状況・人間関係に配慮し，目的とする機能を果たせるようになることは英語運用能力育成には欠かせない要素である。

メタ認知能力とは，学習に関する具体的な計画を立て，定期的に試験を受け，その結果から立てた計画の自己評価を行い，更なる上達が可能になるように，結果を踏まえた修正を加え新たな学習計画を立て，それに沿った学習を行える能力である。漠然とした学習法では英語力の向上は望めない。常に，[弱点強化のための具体的な学習計画]→[試験を受ける]→[自己評価・学習計画の修正]の手順で計画的に学習することが，英語学習には欠かせないことが報告されている。

練習 1.1

　みんなでシャドーイングに挑戦してみよう。その際，登場人物の人間関係・会話の場面を踏まえ，どのような機能を果たそうとしているのか考えてみよう。

「シャドーイングの効果的活用法の理解」

(1)　人間関係：

(2)　場面：

(3)　機能：

(4)　(3)の機能を果たす表現：

聴解力・発話力 *(Oral Communication Skills)*

1

....

....

....

練習 1.2　CD track 1

予備知識を活用しながらリスニング問題に挑戦してみよう。

「背景知識の重要性の理解」

(1) リスニング問題を聴く前に，次のことを考えてみよう。

　　1．学校での英語の授業ではどのようなことを学ぶのか？

　　2．英会話のクラスではどのようなことを学ぶのか？

(2) それでは，一回リスニングのパッセージを聞いてみよう。

(3) 自分たちが予想した内容と実際のパッセージの内容についてペアで確認してみよう。

(4) それでは，もう一度聴いてみよう。

(5) 再度ペアで内容の確認をしよう。

(6) では，再度聴き，リスニング問題に答えてみよう。

練習 1.3

ペアになって，中学校で学んだ単語を英語で説明しなさい。まず，一人が，英単語を3つ思い浮かべて，それを英語で説明し，もう一人はその語が何であるかを答えなさい。その後，役割を交代しなさい。　**「補償ストラテジーの重要性の理解」**

　　例　A：The language used in Britain, the US, Australia, and some other countries.

　　　　B：English.

15

ここで学んだ重要なポイントをどのくらい理解できたか，確認しなさい。以下の項目は今後学習するすべての内容とも連動するので，十分に理解できなかったことは，再度確認を行うこと。

	自己評価チェックリスト 評価基準：　　1＝全く理解できない　　2＝理解できない 　　　　　　　3＝どちらともいえない　　4＝理解できた 　　　　　　　5＝十分理解できた	1	2	3	4	5
1章	**英語の聴解力育成**					
	英語の**発話力育成**に必要な要素は					
	具体的な計画・自己評価の重要性は					
	シャドーイング練習法とは					
	社会言語能力とは					
	補償ストラテジーとは					
	メタ認知能力とは					
	明確な学習理由設定の重要性					
	自己効力感とは					

＝ MEMO ＝

....

....

....

....

....

....

....

....

音声の生成と発声訓練

(Aerodynamics and Articulation)

Chapter 2

第**2**章 # 音声の生成と発生訓練
(Aerodynamics and Articulation)

1　音声の生成(Articulation)

　コミュニケーションの手段として発せられる言語音は，様々な器官が無意識に調整される過程で生成される。**音声の生成で動力源となるのは，肺の収縮である。**口・鼻から吸い込まれた空気は，口腔・鼻腔から咽頭，声帯を経て気管を通り，最後に肺に達する。この運動と連動して，肋骨は引き上げられ，横隔膜が下がり，胸郭が広がって，肺に空気が満たされる。これらの一連の活動を**吸気**と呼ぶ。

　*世界にはたくさんの言語があるが，吸気を使って話す言語は非常に少ない。日本語，英語を含むほとんどの言語は，空気を肺から吐き出す**呼気**を音声生成の動力源としている。*

　一般に，英語は日本語よりも呼気圧が高いと言われる。また，英語特有の強弱アクセントは，肺の運動を調整する筋肉の活動並びに肺活量と密接に関係している。*日本人英語学習者は喉から発声するといわれることが多い。*呼気圧の有効な活用が英語らしい発音・発声の鍵を握っている。この点を配慮して，呼気の働きを詳しく述べることとする。

　さて，吸気によって肺に満たされた空気は，横隔膜が引き下げられと，今度は呼気となって，気管を通り喉頭に行く。軟骨と筋肉で形成されている喉頭の中には**声帯**が収まっている。声帯の開口部は声門と呼ばれる。声門が開いている場合には，呼気は声帯を振動させることなく通過する。このように声帯を振動させることなく発せられる音，すなわち声を伴わずに調整される音を，**無声音**(声帯の振動なしに作られる音：例，/f/)と呼ぶ。他方，ほとんど閉じた状態の声帯を呼気が通過すると，声帯は振動して**有声音**(声帯の振動を伴って作られる音：例，/v/)が出る。

　声帯の振動は，その速さの変化によって声の高さを変える働きをする。即ち，声帯振動率が高ければ声も高くなる。逆に低くなれば声も低くなったり，きしり音になったりする。

2　発声訓練(Aerodynamics)

　英語らしい音を作り出すためには，調音(発音)器官(例，唇，舌)を正しく活用しなければならない。しかし，そのためには，**音声の生成の動力源となる呼気の正しい利用法を身に付けることが先決である。**先に述べたように，英語の発音は日本語よりも呼気圧が高いと考えられる。従って，このことを念頭に置いて練習するのが効果的である。また，英語特有の強弱アクセントを習得するためには，肺活量を調整する筋肉を意識的に動かせられるようにならなければならない。そうでなければ，いくら練習を重ねても，日本人の英語学習者に見られがちな，喉か

音声の生成と発生訓練 *(Aerodynamics and Articulation)*

ら出る平板な発音に終始し，英語らしい発音・発声を身に付けることはできない。

　呼気圧を上げるためには，正しい呼吸法で肺を膨らませ，肺に溜めた空気を出来るだけ長く保ってから，ゆっくりと吐き出す練習を繰り返して，肺活量の調整が自由にできるようにならなければならない。吹奏楽器を演奏するのと同じで，大きな声を出すためには，先ず空気を肺にいっぱい吸い込まなければならない。そして，息を吐き出すときには，発音器官をリラックスすることが肝要である。

　大声を出したり，大きな声で歌を歌うと無意識に喉に力が入ってしまうことがあるが，発生時に声帯部を緊張させると，呼気圧はブロックされ声は通らないし，音質も変化してしまう。

　以下の手順を参考にしながら，順を追って発声練習を行う。

（1）腹式呼吸による発声訓練法

1．起立して，肩幅の広さに両足を開く。自然に息を吸って吐く。呼吸しながら，身体のどの部分が動いているかを感得する。(**意識の集中**)

2．1．の姿勢で深呼吸する。ゆっくりと，風船のように大きく膨らむ感覚を確かめる。腹部以外は他のどの部分にも力を入れない。また，呼気の際，喉を緊張させないように注意する。(**有効な呼気法の訓練**)

3．2．の動作を繰り返す。吐く息に意識を集中する。腹部に手を当てて，腹の底から息を絞り出す感じで行う。腹部以外は緊張させないように注意する。(**呼気の確認**)

4．喉の声帯部に手を当てて，腹に溜めた空気をできるだけ長く持続させながら「ア」の音を発音する。声帯が振動していることを確認し，喉を詰めたり肩に力を入れないように注意する。(**有効な呼気法の訓練**)

5．大量の息をすばやく一気に吸い込み，腹に溜めてから，頭の中で1，2，3，4，5と数えながら「ア」の音を出す。これが簡単になったら，10，20まで持続させる練習をする。(**肺活量を増やす訓練**)

6．5．の動作で，「ア」の音の大きさをいろいろ変えて練習する。この際，腹部以外は身体全体をリラックスさせ，喉を詰めないように気を付ける。(**発声訓練**)

7．リラックスして，腹式呼吸を繰り返しながら，「ホッ」と溜息を出す。この時出た音の高さが最も聞きやすい声の高さである。その高さで「ア」の音を長く発音する。この高さを普段の発声の基準とし，自然に発音できるように何度も練習する。普段の声の高さと多少違っても，英語の発音練習をする際にはこの基準に基づいて練習すること。(**ピッチの訓練**)

上の1.から7.までの動作を，毎日2〜3回行う。リラックスして，自分に合った声の高さで，しかも大きい声が無理なく出せるように心掛ける。

呼気の適切な運用能力は発音練習の際にとても大切となってくるので，無意識に出せるよう，習慣化するまで練習を積み重ねること。

（2）発音練習前の準備運動

1. 口を大きく開けたり閉じたりして，口全体の筋肉をほぐす練習をする。また，唇，舌も同様にほぐす。

2. 次に「イ」「ア」「ウ」の順に発音しながら口の開閉練習を行う。「イ」を発音するときには口をできるだけ横に広げる。「ア」ではできるだけ大きく開け，「ウ」では唇を丸めて突き出す。

（3）声帯振動の有無の確認法

（1），（2）で練習したことを確認しながら，喉に手を当てて，無声音（/f/）を出してみる。手には何の振動も伝わってこないことを確かめる。次に有声音（/v/）を出してみる。今度は喉に当てた手に振動が伝わってくるはずである。これは声帯が振動している証拠である。このように，間接的に声帯の振動の有無を確かめることによって，有声音と無声音を区別することが出来る。

（4）基本的な調音（発音）の訓練法

次の文を，アメリカ人が日本語を話しているようなつもりになって言ってみよう。この練習を通じて，英語と日本語の音声の特徴的な違いが認識できる。

練習 2.1

| 「私は」「waTAshiwa」 | 「英語の強弱アクセントの確認」 |
| Come to tea with **John** and **Mary** at ten. | 「英語のリズムの確認」 |

（5）全体練習

次の文を読む練習をしなさい。大切なことは，行の途中で息継ぎをせず，舌の力を抜いて読むこと。また，摩擦音は誇張気味に発声しなさい。

音声の生成と発生訓練 (Aerodynamics and Articulation)　**2**

練習 2.2 「腹式呼吸・発音器官の弛緩・基本的調音設定の活用」

1. When I **went** to **see** a **show** the other **day**, I **had** to **wait** for a **long time** to find **out** the **price** of the **ticket**.
2. She sells sea-shells by the sea shore.　　　　　　　　**「摩擦音の習得」**
3. Peter Piper picked a peck of **pickled peppers**.　　　**「気音の習得」**

    Did Peter Piper pick a **peck** of pickled peppers?

    If **Peter Piper picked** a **peck** of pickled peppers,

    Where's the **peck** of **pickled peppers Peter Piper picked**? (Tongue Twister)

練習 2.3 「腹式呼吸・発音器官の弛緩・基本的調音設定の活用」

1. **Philip painted** a **picture** of his **parents**.
2. **Practice speaking English all** the **time**.
3. **Peter purchased** a **piece** of **pie** at the **pie** shop.
4. **Please save** a **place** for **Lucy** in the **line**.
5. **Tom says Simon** can **speak Spanish very well**.
6. The **minister's speech** was **sent** to the **press**.
7. The **sheriff** was **shot** during the **session**.
8. **This company** is one of the **top software** companies in the **world**.
9. **Dennis** at **first seemed** to be **undependable**, but **less** than **half** a **year** he turned **out** to be **all right**.
10. He **graduated** from **Sekai University** with a **BA** in **Intercultural Studies** in **March**. (BA：Bachelor of Arts 文学士)

練習 2.4 CD track 2

　日本に来たばかりの ALT と日本人英語教師の会話である。文字原稿を活用した段階的学習法を活用して，リスニングに挑戦しよう。

「アメリカ英語：文字原稿による段階的学習」

21

練習2.5

ペアになって，中学校で学んだ単語を英語で説明しなさい。まず，一人が，英語単語を3つ思い浮かべて，それを英語で説明し，もう一人はその語が何であるかを答えなさい。その後，役割を交代しなさい。　　　　　　　　　　　　　　　　　「補償ストラテジー1」

練習2.6

ペアになって，次の日本語を英語にしなさい。その際，「駅」「本屋」「英語」「レストラン」は，会話の際に思いつかなかったと想定し，別の言葉で説明しなさい。その後，役割を交代しなさい。　　　　　　　　　　　　　　　　　　　　　　「補償ストラテジー2」

A：私は **駅** で友達に会いました。

B：**本屋** に行き，**英語** の本を買いました。

A：その後，**レストラン** で夕食を食べました。

練習2.7

みんなでシャドーイングに挑戦してみよう。その際，登場人物の人間関係・会話の場面を踏まえ，どのような機能を果たそうとしているのか考えよう。

　　　　　　　「音声の特徴の理解・リスニング・スピーキング力の育成」

(1)　人間関係：

(2)　場面：

(3)　機能：

(4)　(3)の機能を果たす表現：

....

....

練習2.8

世事に関する広い知識・知見（予備知識）は，母語である日本語で身に付けることが必要である。以下の英語の記事を一度読み，内容について，ペアになって日本語で確認しなさい。　　　　　　　　　　　　　　　　　　　　　　「予備知識の重要性の把握」

音声の生成と発生訓練 *(Aerodynamics and Articulation)*

2

Winds of Change Shake Japan

Japanese voter's pent-up anger against the old guard, the Liberal Democratic Party, finally exploded at the ballot box on August. 30. In a massive landslide, voters ended more than 50 years of almost continuous rule by the LDP, and swept the opposition Democratic Party of Japan into power. DPJ leader Yukio Hatoyama now stands on the cusp of becoming Japan's next prime minister.

　下記の日本語のヒントを基に，再度英語の記事を読みなさい。

● 政権選択が争点。

● 45回衆議院選挙。

● 民主党が308議席を獲得。

● 与党自民党が1955年の結党以来初めて第二党に転落。

● 野党が単独で過半数を獲得して政権が交代したのは戦後初めて。

● 民主党の鳩山由紀夫代表が首相とする新政権がまもなく誕生する。

　上記の練習問題を通して，様々なテーマに関する情報を日々新聞や他のニュース・メディアから得ることが，会話の幅を広げるだけでなく，聴解力育成に欠かせないことが認識できただろう。実際，英検1級やTOEIC, TOEFLのリスニング・テストの内容は，政治・経済から宇宙についてまで様々なテーマに関することが多い。よって，日頃から世界中で起こっている様々な事項について，日本語で情報を得る習慣を身に付けることが英語運用能力育成には欠かせない。

練習 2.9

音声の生成について，日本語（英語）で説明しなさい。　　**「既習内容の理解の確認」**

Key words：

1．発音器官を動かす，肺から吐き出す空気

2．speech sounds

3．produce/make

4．two important factors

5．air coming out of the lungs as the basic source of power in the production of speech sounds

6．movements of the tongue and the lips in order to produce different sounds

ここで学んだ重要なポイントをどのくらい理解できたか，確認しなさい。以下の項目は今後学習するすべての内容とも連動するので，十分に理解できなかったことは，再度確認を行うこと。

自己評価チェックリスト
評価基準：　　1 = 全く理解できない　　　　　2 = 理解できない
　　　　　　　3 = どちらともいえない　　　　4 = 理解できた
　　　　　　　5 = 十分理解できた

		1	2	3	4	5
2章	**呼気・吸気とは**：空気を吸い込む・吐き出す一連の活動					
	有声音・無声音とは：声帯の振動を伴わない・伴って作られる音					
	有声音・無声音であることの識別方法：喉に軽く手を当てて音を出す					
	発声訓練の意義：呼気を有効活用できるようにする					
	基本的な調音の訓練法の意義：英語母語話者が話す日本語から英語の音声の特徴を理解する					
1章	**聴解力育成に必要な要素**：(1)背景知識，(2)音声の特徴の理解（1章の復習）					
	発話力育成に必要な要素：(1)音読とシャドーイング，(2)繰り返し練習（1章の復習）					
	やる気が継続できるようにする方法（1章の復習）					

= MEMO =

アクセントと語強勢

(Accent and Word Stress)

Chapter 3

| 第**3**章 | # アクセントと語強勢
(*Accent and Word Stress*) |

1 **アクセント（Accent）**

　アクセントとは，発話中で，ある特定の音節や語を際立たせることである。私たちの母語である**日本語のアクセントは，高低アクセント（pitch accent）で，主に音の高低（pitch）の度合いによって意味を区別する。これに対して，英語のアクセントは，強勢アクセント（stress accent）のことであり，強さ・長さ・声の高さ（loudness, length, pitch）を手段として，語の中のある音節をほかの音節より，あるいは句，節などの文のある部分をほかの部分より際立たせる**働きをする。単語レベルでは，語強勢としてアクセント符号を用い，アクセントのある位置は辞書中の語句に付記されている。文レベルでは，それを**構成するすべての単語にそれぞれ強勢があるのではなく，普通，意味上大切な語だけにアクセントが置かれ**，聞き手に分かり易いように，それを際立たせて発音する。このように，文を単位としてつけられる強勢を文強勢と言う。**文強勢（sentence stress）は，英語独自のリズムに関係しているので，英語を話す上でとても大切な役割を果たしている。**

　単語レベルでは，アクセントのある音節とない音節の差をつけることはそれ程困難ではない。しかし，句や節，さらには文レベルでは，英語特有の強さ・長さの特徴をはっきり出さないと自然な発音・発声とは程遠くなる。合成語や形容詞と名詞からなる句では，それらの語句の意味によって，それらを構成する単語にアクセントが置かれたり置かれなかったりするので，特に注意が必要である。この点を無視したり無頓着だったりすると，意味が通じなかったり誤解を招くおそれがある。これは文強勢についても同じである。

　英語特有のアクセントの基礎をしっかり理解し，強勢アクセントを身に付けることが日本人の英語学習にとって不可欠であり，「通じる」英語への第一難関である。

2 **語強勢（Word Stress）**

　2つの音節から成る語を発音する場合，どちらか一方の音節がより強く発音される。即ち，どちらかの音節にアクセントがある。3つ以上の音節から成る多音節語には，最も強い第一強勢のほかに，第二強勢がある。

　これまで協調してきたように，日本語のアクセントから脱却して，英語の音声の**高さ，長さ，強さ**の特徴をしっかり把握しながら練習することが肝要である。

　英語を母語とする人が日本語を話すときに現れる特徴が，日本人の英語学習にヒントを与えてくれることが多い。**例えば，「宮崎」を「ミヤザーキ」のように最後から2番目の音節を長く・**

アクセントと語強勢 *(Accent and Word Stress)*

3

強く発音する。この英語の特徴をよく理解しながら練習をすることが大切である。

練習 3.1　CD track 3

　CD を聴いて，以下の発話のどの部分に強勢があるかを示しなさい。特に多音節語の場合には，第二強勢があるので注意して聴きなさい。　　　　**「強勢の特徴の認識」**

1．da-da
2．da-da-da
3．da-da-da
4．da-da-da-da
5．da-da-da-da
6．da-da-da-da-da

　上の練習問題で確認した英語の強勢の特徴をよく理解し，英語の発音をすれば，自然な英語発音の第一歩となる。

練習 3.2

　次の単語を英語の強勢アクセントの特徴を意識して発音しなさい。

　　　　　　　　　　　　　　　　　　　　　　　　「強勢の正しい発音」

1．**ta**lent　　2．**jac**ket　　3．**na**tion　　4．dra**ma**tic
5．de**mo**cracy　6．com**pli**cation　7．uni**ver**sity

　アクセントが置かれる位置は，それぞれの語(句)を覚えるときに，その都度辞書で確認する必要があるが，ある程度の目安となる規則を参考までに挙げておく。

（1）品詞によってアクセントの位置が変わる語は，動詞では後の音節に，名詞（又は形容詞）では前の音節にあることが多い。

1．import　　2．digest　　3．object（目的 vs. 反対する）
4．permit　　5．present（贈り物 vs. 贈る・紹介する）
6．increase

27

(2) 合成語（compounds）については，複雑であるから注意を要する。

1. 合成名詞(compound nouns)―前方強勢型（最初の要素に第一強勢）が多い。

練習3.3 CD track 4

CD を聴いて，アクセントの位置に注意して発音しなさい。

「合成名詞のアクセントの理解」

1. blackbird（クロウタドリ）
2. post office
3. greenhouse（温室）
4. air conditioner（エアコン）
5. White House（大統領官邸）
6. blood pressure（血圧）
7. English teacher（英語教師）
7. dancing girl（踊り子）

注意　形容詞＋名詞などの**名詞句(noun phrases)**の場合は，両方に第一強勢が置かれ，いわゆる**二重強勢**になることが多い。**但し，実際は2番目の名詞が少し強めになる。**

練習3.4 CD track 5

CD を聴いて，次の単語をアクセントに注意して発音しなさい。

「名詞句のアクセントの理解」

1. black bird (a bird which is black：黒い鳥)
2. green house (a house which is green：緑の家)
3. white house (a house which is white：白い家)
4. English teacher (a teacher who is English：イギリス人教師)
5. dancing girl (a girl who is dancing：踊っている少女)
6. smoky room (a room which is smoky：煙の立ちこめている部屋)

このように"X who（which）is Y"と置き換えが可能な場合には，**2番目の要素が強くなる。**

アクセントと語強勢 *(Accent and Word Stress)*

3

練習 3.5

次の各文をアクセントに気を付けて読みなさい。

「合成名詞・名詞句のアクセントの定着」

1. The president lives in the White House.
2. My friend lives in a white house.
3. He is an English teacher（英国人）
4. I want to be a high school English teacher.
5. I know that dancing girl.（踊ってる少女）

第一要素に風味・材料・色・形状を表す形容詞が用いられる場合には，２番目の要素が強くなる。

練習 3.6 CD track 6

次の単語を，アクセントの位置に注意して発音しなさい。

「その他の強勢の理解」

1. apple pie
2. vanilla ice cream（風味）
3. rubber band
4. wool jacket（材料・素材）
5. blue eyes
6. zebra crossing（色・形状）
7. Los Angeles
8. Grand Canyon（地名）

（3） 句動詞（phrasal verbs）：動詞（verb）と副詞（adverb）から成り，副詞が強くなる。

1. Stand **up**
2. Turn **around**
3. They broke **down**.
4. He passed **away**.

① 名詞目的語(noun object)が副詞の後にくる場合と，動詞と副詞の間にくる場合では強勢の位置が違うので，注意が必要である。

（i） 名詞目的語が副詞の後にくる場合：副詞が強くなる

1. She tried **on** the dress.

29

2．I took **off** my shoes.

(ii) **動詞と副詞の間にくる場合：名詞が強くなる**

1．She tried the **dress** on.

2．I took my **shoes** off.

② **名詞目的語が代名詞（pronoun）の場合には，副詞が強くなる。**

1．She tried it **on**.

2．I took them **off**.

日本人学習者は，句動詞の発音をする際は，基本的には副詞に強勢がくることを理解する。
例外は名詞目的語が動詞と副詞の間にくる場合のみで，その場合には，名詞目的語に強勢がくる。

練習 3.7 CD track 7

次の各文を発音しなさい。

「句動詞のアクセントの理解」

1．a．She put on her shoes.

b．She put her shoes on.

c．She put them on.

2．a．He turned down the TV.

b．He turned the TV down.

c．He turned it down.

練習 3.8

次の各文をアクセントの位置に注意して読みなさい。

「句動詞のアクセントの理解」

1．He took his shoes off.

2．He took off his shoes.

3．She put it on.

4．She put her hat on.

5．He turned down the TV.

6．He turned the TV down.

7．I want to give up smoking.

アクセントと語強勢 *(Accent and Word Stress)* **3**

8．I want to give smoking up.

9．Please turn off the light.

10．Please turn the light off.

（4）　接辞

特定の接辞が付いてできる語の場合は，その接辞に，またはその接辞の直前に強勢が置かれる。本書ではその一部を例として記載するにとどめる。ここの単語を覚えるときに，アクセントの位置を辞書で確認する習慣をつけなさい。

1️⃣　**接頭辞の音節に強勢がくる場合**

any-	anyhow	anyone
up-	upright	upward

2️⃣　**接尾辞の直前に強勢がくる場合**

-tial	partial	initial
-ical	magical	medical
-ian	magician	musician
-ity	identity	curiosity

練習 3.9 CD track 8

CD を聴いて，発音される語句をカッコ内に書き，アクセント符号をつけなさい（日本語訳も書くこと）。　　　　　**「合成名詞と名詞句のアクセントの理解確認」**

1．(　　　　　　　　)

2．(　　　　　　　　)

3．(　　　　　　　　)

4．(　　　　　　　　)

5．(　　　　　　　　)

6．(　　　　　　　　)

7．(　　　　　　　　)

8．(　　　　　　　　)

9．(　　　　　　　　)

10．(　　　　　　　　)

練習 3.10 CD track 9

　以下の表は，太郎の大学での前期期間中の時間割を表している。それぞれの英語学習時間について，A，B，C，Dの英文が読まれる。A～Dの英文のうち，表に示してある情報と同じ文を選び，解答欄に記号を記入しなさい。英文は1回だけ発音される。

「オーストラリア英語：リスニング力」

	Monday	Tuesday	Wednesday	Thursday	Friday
8:50-10:20	American Studies		English A	Math	Sociology
10:30-12:00		Computer Science I		English Literature	
1:00- 2:30	English A	Chinese I		Chinese I	English A
2:40- 4:10	Japanese Law		Marketing		
4:20- 5:50	Japanese History	Communication Studies		European Studies	Computer Science I

No. 1 (　　　)　　No. 2 (　　　)　　No. 3 (　　　)

練習 3.11

　練習3.10の表を基にペアになって内容に関する質疑応答をしなさい。その際，一人は月曜日から水曜日の情報のみ見て，パートナーはそれ以外の情報を見て練習すること。

「スピーキング力：情報交換」

Useful expressions：
(1)　Attend (have) a lecture on …… の講義に出席する (がある)
(2)　in the first period　1限目

練習 3.12 CD track 10

　以下は，対話を聴いてそれぞれの対話について質問する問題である。各対話についての質問が一つある。その質問に対する最も適切な答えを，A，B，C，Dの中から選び，解答欄に記入しなさい。対話と質問は1回だけ発音される。

「アメリカ英語：文字原稿による段階的学習」

アクセントと語強勢 *(Accent and Word Stress)*

3

Dialogue 1（　　）	Dialogue 2（　　）	Dialogue 3（　　）
Dialogue 4（　　）	Dialogue 5（　　）	Dialogue 6（　　）

練習 3.13

日本語と英語のアクセントの違いを日本語（英語）で説明しなさい。

「既習内容の理解度の確認」

Useful expressions：

(1)　高低アクセント・強勢アクセント

(2)　pitch accent：change in pitch

(3)　stress accent：change in pitch, loudness, and length

練習 3.14

合成名詞と形容詞＋名詞から成る名詞句のアクセントの違いを日本語（英語）で説明し
なさい。

「既習内容の理解度の確認」

例　　White House（大統領官邸）　　　white house（白い家）

Useful expressions：

(1)　compound nouns：first element
（合成名詞・最初の要素）

(2)　noun phrases: second element
（名詞句・2番目の要素）

(3)　is stressed（強勢を受ける）

33

練習 3.15

句動詞のアクセントについて日本語(英語)で説明しなさい。

「既習内容の理解度の確認」

例　(1)　turn around　　(2)　put on the dress　　(3)　put the dress on

(4)　put it on

Useful expressions：

(1)　phrasal verbs（句動詞）

(2)　verb/adverb（動詞・副詞）

(3)　noun object（名詞句）

(4)　pronoun（代名詞）

アクセントと語強勢 *(Accent and Word Stress)*

　ここで学んだ重要なポイントをどのくらい理解できたか，確認しなさい。以下の項目は今後学習するすべての内容とも連動するので，十分に理解できなかったことは，再度確認を行うこと。

自己評価チェックリスト 評価基準：　　　1＝全く理解できない　　　　　2＝理解できない 　　　　　　　　3＝どちらともいえない　　　　4＝理解できた 　　　　　　　　5＝十分理解できた		1	2	3	4	5
3章	**日本語と英語のアクセントの違い**：高低・強勢アクセント					
	合成名詞のアクセント：1番目の要素にアクセントがくる					
	形容詞＋名詞から成る名詞句のアクセント：2番目の要素にアクセントがくる					
	第一要素に風味・材料・色・形状を表す形容詞が用いられる場合：2番目の要素にアクセントがくる					
	句動詞のアクセント：副詞にアクセントがくる					
	句動詞で名詞目的語が副詞の後にくる場合のアクセント：副詞にアクセントがくる					
	句動詞で名詞目的語が動詞と副詞の間にくる場合のアクセント：名詞目的語にアクセントがくる					
	句動詞で名詞目的語が代名詞の場合のアクセント：副詞にアクセントがくる					
1章	**リスニング力育成に必要な要素**：(1)多様な地域的・社会的アクセント，(2)文字原稿による段階的学習（1章の復習）					
	スピーキング力育成に必要な要素：(1)補償ストラテジー，(2)機能能力（1章の復習）					

＝ MEMO ＝

復 習 I

(*Review I*)

Chapter 4

第4章 復 習 I
(Review I)

1 今まで学習した内容を確認しよう

1・2章

1. 音はどのように生成されるのか。次のキーワードを使い説明しよう。

   Useful expressions :

   (1) 呼気, 調音(発音)器官

   (2) air coming out of the lungs (呼気), movements of the tongue and the lips (調音(発音)器官を動かす)

2. 無声音・有声音の違いは。また, どのように判別できるのか。

   Useful expressions :

   (1) voiced (有声音), voiceless (無声音), vocal folds (声帯), vibrate (振動する)

   (2) put your fingertips against your throat (喉に指先を当てる)

3. 日本人学習者にとっての発声訓練の意義は何だっただろうか。また, 正しい発声訓練法とはどのようなものだったか。

   Useful expressions :

   (1) make use of (役に立てる)

   (2) project one's voice (声を遠くまで飛ばす)

   (3) abdominal breathing technique (腹式呼吸法)

4. 基本的な調音(発音)法はどのように役に立つのか。

   Useful expressions :

   pronunciation features of English (英語の発音の特徴)

5. リスニング力育成に必要な要素の中で, (1)背景知識, (2)音声の特徴の理解がどうして重要なのか。

   Useful expressions :

   (1) background knowledge of various topics (背景知識)

   (2) pronunciation features of English (音声の特徴)

復 習 I *(Review I)*　　**4**

6．スピーキング力育成のために必要な要素として，(1)音読(read aloud)とシャドーイング，
(2)繰り返し練習がどうして重要なのか。

Useful expressions：

improve（上達する）

3章

1．日本語と英語のアクセントの違いについて説明しなさい。

Useful expressions：

(1)　高低アクセント，強勢アクセント

(2)　pitch accent（高低アクセント），stress accent（強勢アクセント）

(3)　change in pitch（声の高さを変える）; change in pitch, length, and loudness（声の
高さ，音の長さ，音の大きさを変える）

2．合成名詞(compound nouns)のアクセントと（形容詞＋名詞から成る）名詞句(noun
phrases)のアクセントの違いを説明しなさい。

例　White House（大統領官邸）　　white house（白い家）

Useful expressions：

(1)　first/second element

(2)　be stressed

3．句動詞(phrasal verbs)のアクセントについて説明しなさい。

例　turn around　　look around

Useful expressions：

verb（動詞），adverb（副詞）

4．句動詞で名詞目的語 (noun object) が副詞の後にくる場合のアクセントはどのようなパ
ターンなのか説明しなさい。

例　turn on the light　　　put on the dress

Useful expressions：

verb, adverb（動詞・副詞）

5．句動詞で名詞目的語が動詞と副詞の間にくる場合のアクセントはどのようなパターンな
のか説明しなさい。

39

例　turn the light on 　　 put the shoes on

6．句動詞で名詞目的語が代名詞（pronoun）の場合のアクセントはどのようなパターンなのか説明しなさい。

例　turn it on 　　 put them on

7．リスニング力育成に必要な要素の中で，(1)多様な地域的・社会的アクセント(different regional/social English accents)，(2)文字原稿(script)による段階的学習がどうして重要なのか。

8．スピーキング力育成のために必要な要素として，(1)補償ストラテジー(compensatory strategy)，(2)機能能力(functional competence)がどうして重要なのか。

2　2・3章で練習した内容を復習しよう

練習 4.1 音読練習　「腹式呼吸・発音器官の弛緩・基本的な調音法の活用」

1．**Philip painted** a **picture** of his **parents**.
2．**Practice speaking English all** the **time**.
3．**Peter purchased** a **piece** of **pie** at the **pie** shop.
4．**Please save** a **place** for **Lucy** in the **line**.
5．**Tom says Simon** can **speak Spanish very well**.
6．The **minister's speech** was **sent** to the **press**.
7．The **sheriff** was **shot** during the **session**.
8．**This company** is one of the **top software** companies in the **world**.
9．**Dennis** at **first seemed** to be **undependable**, but **less** than **half** a **year** he turned **out** to be **all right**.
10．He **graduated** from **Sekai University** with a **BA** in **Intercultural Studies** in **March**. (BA: Bachelor of Arts 文学士)

練習 4.2　CD track 2

会話を聴いて，ペアになって内容について日本語（英語）で説明しなさい。

「アメリカ英語：繰り返し練習」

復 習 I (Review I)

4

練習 4.3

　ペアになって，中学校で学んだ単語を英語で説明しなさい。まず，一人が，英単語を3つ思い浮かべて，それを英語で説明し，もう一人はその語が何であるかを答えなさい。その後，役割を交代しなさい。　　　　　　　　　　　　　　　**「補償ストラテジー 1」**

練習 4.4

　ペアになって，次の日本語を英語にしなさい。その際，「学校」「図書館」「スペイン語」「ホテル」は，会話の際に思いつかなかったと想定し，別の言葉で説明しなさい。その後，役割を交代しなさい。　　　　　　　　　　　　　　**「補償ストラテジー 2」**

　　Ａ：私は**学校**で友達に会いました。

　　Ｂ：**図書館**に行き，**スペイン語**の本を借りました。

　　Ａ：その後，**ホテル**で夕食を食べました。

練習 4.5

次の各文を発音しなさい。　　　　　　　　　　　　**「句動詞のアクセント復習」**

1. He took his **shoes** off.

2. He took **off** his shoes.

3. She put it **on**.

4. She put her **hat** on.

5. He turned **down** the TV.

6. He turned the **TV** down.

7. I want to give **up** smoking.

8. I want to give **smoking** up.

9. Please turn **off** the light.

10. Please turn the **light** off.

41

練習 4.6　CD track 8

CDを聴いて，発音される語句をカッコ内に書き，アクセント符号をつけなさい（日本語訳も書くこと）。　**「合成名詞と名詞句（形容詞＋名詞）のアクセント復習」**

1. (　　　　　　　　　　　　　　　　　　　　　　　　　　　　　　　)
2. (　　　　　　　　　　　　　　　　　　　　　　　　　　　　　　　)
3. (　　　　　　　　　　　　　　　　　　　　　　　　　　　　　　　)
4. (　　　　　　　　　　　　　　　　　　　　　　　　　　　　　　　)
5. (　　　　　　　　　　　　　　　　　　　　　　　　　　　　　　　)
6. (　　　　　　　　　　　　　　　　　　　　　　　　　　　　　　　)
7. (　　　　　　　　　　　　　　　　　　　　　　　　　　　　　　　)
8. (　　　　　　　　　　　　　　　　　　　　　　　　　　　　　　　)
9. (　　　　　　　　　　　　　　　　　　　　　　　　　　　　　　　)
10. (　　　　　　　　　　　　　　　　　　　　　　　　　　　　　　　)

練習 4.7　CD track 9

以下の表は，太郎の大学での前期期間中の時間割を表している。それぞれの英語学習時間について，A，B，C，Dの英文が読まれる。A〜Dの英文のうち，表に示してある情報と同じ文を選び，解答欄に記号を記入しなさい。英文は1回だけ発音される。

その後，太郎の時間割をペアで説明しなさい。**「オーストラリア英語：繰り返し練習」**

	Monday	Tuesday	Wednesday	Thursday	Friday
8：50-10：20	American Studies		English A	Math	Sociology
10：30-12：00		Computer Science I		English Literature	
1：00- 2：30	English A	Chinese I		Chinese I	English A
2：40- 4：10	Japanese Law		Marketing		
4：20- 5：50	Japanese History	Communication Studies		European Studies	Computer Science I

No. 1 (　　　　)　　No. 2 (　　　　)　　No. 3 (　　　　)

復 習 I (Review I)

4

練習 4.8 CD track 10

　以下は，対話を聴いてそれぞれの対話について質問する問題である。各対話についての質問が一つある。その質問に対する最も適切な答えを，A，B，C，Dの中から選び，解答欄に記入しなさい。対話と質問は1回だけ発音される。

「アメリカ英語：繰り返し練習」

Dialogue 1 (　　)　　　　Dialogue 2 (　　)　　　　Dialogue 3 (　　)

Dialogue 4 (　　)　　　　Dialogue 5 (　　)　　　　Dialogue 6 (　　)

練習 4.9

　練習 4.8 の対話文をそれぞれ日本語(英語)で説明しなさい。

「リスニング・スピーキング練習」

= MEMO =

Dialogue 1　..

Dialogue 2　..

Dialogue 3　..

Dialogue 4　..

Dialogue 5　..

Dialogue 6　..

練習 4.10

　みんなでシャドーイングに挑戦してみよう。その際，登場人物の人間関係・会話の場面を踏まえ，どのような機能を果たそうとしているのか考えよう。

「音声の特徴の理解・リスニング・スピーキング力の育成」

(1)　人間関係：

(2)　場面：

(3)　機能：

(4)　(3)の機能を果たす表現：

....

....

43

練習 4.11

発音練習を行う前に必要な 3 つの活動を説明しなさい。　　　　「発音練習法の確認」

   1. (　　　　　　　　　　　　　　　　　　　　　　　　　　　　　　　　　)

   2. (　　　　　　　　　　　　　　　　　　　　　　　　　　　　　　　　　)

   3. (　　　　　　　　　　　　　　　　　　　　　　　　　　　　　　　　　)

練習 4.12

「スピーチ法の学習」

1 分間スピーチ

〈題目〉

Where in your home country would you most like to go on vacation and why? Include details and examples in your explanation.

1) トピックセンテンス：質問に対する簡潔な答えを述べる。

2) ロードマップ：聞き手が，私たちがどのように話を進めていくか予測できるように，これから理由を述べるということを示そう！

> 1) When I take a vacation in my home country, the place I most want to go to is Okinawa.
>
> 2) There are two reasons for this.

〈理由 1〉

3) なぜその答えを選んだのか理由を簡潔に述べよう！

4) 理由の具体例を 1 〜 2 述べよう！

  ＊自分の発話速度によって具体例の数を調節するのが 1 分間有効に話すカギ！

> One reason is scuba diving, which is so enjoyable because of the good visibility.
>
> The water is so clear that you can see a variety of see animals.
>
> The coral reefs are teeming with tropical fish that we can usually only see in an aquarium.

〈理由 2〉

  理由の具体例を 1 〜 2 述べよう！

復習 I *(Review I)* **4**

＊自分の発話速度によって具体例の数を調節するのが 1 分間有効に話すカギ！

> The other reason for going to Okinawa is the hiking trails.
> Okinawa has more than 300 kilometers of trails with various levels of difficulty.
> There are many beautiful views we can see from these hiking trails.

〈コンクルージョン（結論）〉

最後に，イントロで述べた「質問に対する簡潔な答え」をもう一度述べよう！

＊イントロと同じ内容でも，できれば少し英語の表現を変えるとさらに良い。

> So that's why, I'd like to visit Okinawa.
> (Therefore, for these reasons)

島崎美登里，Paul Wadden，Robert Hilke (2006)
『TOEFL (R) 大戦略：TOEFL テストスピーキング問題 130』旺文社

練習 4.13

「スピーチを行う際の効果的メモの取り方」

１分間スピーチメモの取り方

・スピーチの前に以下のような図を書いておくと，スピーチをする際にこのメモに沿って話せる。

・時間がないので，キーワードのみをメモする。

・＝，＋，⇒などの記号は時間を短縮するのに効果的！

・慣れてきたら，単語も短縮したバージョンを使うと時間短縮にさらに効果的！

e.g.）with → w/, because → b/c etc.…

Okinawa

Scuba diving/ enjoyable/ good visibility

1. Water = clear/ sea animals
2. Coral reefs + tropical fish
   (only in aquarium)

Hiking trails

1. 300 km/ difficulties
2. Beautiful views

45

2章で学んだ重要なポイントをどのくらい理解できたか，確認しなさい。以下の項目は今後学習するすべての内容とも連動するので，十分に理解できなかったことは，再度確認を行うこと。

			1	2	3	4	5
自己評価チェックリスト 評価基準： 1＝全く理解できない 2＝理解できない 3＝どちらともいえない 4＝理解できた 5＝十分理解できた							
2章	**呼気・吸気とは**： 空気を吸い込む・吐き出す一連の活動						
	有声音・無声音とは：声帯の振動を伴わない・伴って作られる音						
	有声音・無声音であることの識別方法：喉に軽く手を当てて音を出す						
	発声訓練の意義：呼気を有効活用できるようにする						
	基本的な調音の訓練法の意義：英語母語話者が話す日本語から英語の音声の特徴を理解する						
1章	**聴解力育成に必要な要素**：(1)背景知識, (2)音声の特徴の理解（1章の復習）						
	発話力育成に必要な要素：(1)音読とシャドーイング, (2)繰り返し練習（1章の復習）						
	やる気が継続できるようにする方法（1章の復習）						

═ MEMO ═

....
....
....
....
....
....
....
....
....

復 習 I *(Review I)*

4

　3章で学んだ重要なポイントをどのくらい理解できたか，確認しなさい。以下の項目は今後学習するすべての内容とも連動するので，十分に理解できなかったことは，再度確認を行うこと。

自己評価チェックリスト
評価基準：　　　1＝全く理解できない　　　　2＝理解できない
　　　　　　　　3＝どちらともいえない　　　　4＝理解できた
　　　　　　　　5＝十分理解できた

		1	2	3	4	5
3章	**日本語と英語のアクセントの違い**：高低・強勢アクセント					
	合成名詞のアクセント：1番目の要素にアクセントがくる					
	形容詞＋名詞から成る名詞句のアクセント：2番目の要素にアクセントがくる					
	第一要素に風味・材料・色・形状を表す形容詞が用いられる場合：2番目の要素にアクセントがくる					
	句動詞のアクセント：副詞にアクセントがくる					
	句動詞で名詞目的語が副詞の後にくる場合のアクセント：副詞にアクセントがくる					
	句動詞で名詞目的語が動詞と副詞の間にくる場合のアクセント：名詞目的語にアクセントがくる					
	句動詞で名詞目的語が代名詞の場合のアクセント：副詞にアクセントがくる					
1章	**リスニング力育成に必要な要素**：(1)多様な地域的・社会的アクセント，(2)文字原稿による段階的学習(1章の復習)					
	スピーキング力育成に必要な要素：(1)補償ストラテジー，(2)機能能力(1章の復習)					
4章	**効果的なスピーチ法**					

＝ MEMO ＝

文 強 勢

(*Sentence Stress*)

Chapter 5

第5章 文強勢 (Sentence Stress)

　文中で，ある単語が受ける強勢を文強勢と言う。英語では，文中の全ての語に強勢が置かれるわけではなく，ある程度の決まった規則に従っている。これを無視して間違った語に強勢を置くと，意味が通じなかったり誤解を招くので注意が必要である。

　日本人学習者はこの文強勢を理解していないため意思疎通に失敗することが多い。文強勢の基本的な規則をマスターし，スムーズな英語が話せるようにならなければならない。

練習 5.1

　次の各語句・文を読んでみよう。その際，文中ではどの語に強勢がくるのか考えてみよう。　　　　　　　　　　　　　　　　　　「英語の文強勢の特徴を考える」

da-DA-da

1．abandon

　I saw you.

　We found it.

DA-da-DA

2．guarantee

　Have some cake.

Da-da-DA-da

3．Education

　Mary saw it.

DA-da-DA-da-da

4．nationality

　Come to Canada.

da-DA-da-DA-da

5．communication

　I want a soda.

　I think he's got it.

da-DA-da-da-DA-da

6．Electrification（帯電）

　We took a vacation.

　I went to the station.

Celce-Murcia et al. (1996) *Teaching pronunciation: A reference for teachers of English to speakers of other languages,* Cambridge University Press, 152.

　上記の練習問題で理解できたと思うが，**英語では，情報・意思伝達上で重要な語は文強勢を受ける。** 文中では独立の意味内容を持つ語，即ち内容語に強勢が置かれ，他の要素との統語的機能を表す語，即ち機能語には強勢が置かれないのが普通である。内容語，機能語には次のようなものがある。

（1）　内容語 （content word）

　1．名詞

50

文強勢 *(Sentence Stress)* **5**

2．形容詞

3．動詞

4．副詞

5．指示詞(this, that, these, those)

6．疑問詞

7．感嘆詞

8．否定語(no, don't, aren't, etc.)

（2）　機能語（function word）

1．冠詞

2．前置詞

3．所有代名詞(my, his, etc.)

4．関係代名詞

5．接続詞(and, but, as, etc.)

6．代名詞として用いられた one

　　例　the red dress and the blue one

7．助動詞(be, have, do, will, would, etc.)

　　但し，助動詞が文の終わりにくる場合には強勢が置かれる。

　　例　He is richer than you think he is.

8．存在文の there

9．相互代名詞(each other, one another)

10．不定代名詞(somebody, something, anybody などの目的語用法)

　但し，ネイティブ・スピーカーは，いつも品詞を考えながら会話をすることはない。よって，次の事項を目安に文強勢を考えると理解しやすい。

（1）　話し手にとって意図を伝える上で最低限必要な語は文強勢を受ける。

（2）　話し手と聞き手にとって既知情報や認識事項は，文強勢を受けない。
　　　例えば，「昨日何してたの？」に対する返答として「私は駅に行きました」の場合，最低限必要な情報は「駅」「行った」であり，他の語は既知情報である。よって，「駅」「行った」に文強勢がくる。

51

日本人英語学習者は，人称代名詞を強調して発音する傾向がある。「彼・彼女は素敵だね」と発言する場合は，「彼・彼女」が誰を指しているのかは，話し手と聞き手との了承事項であるので文強勢はこない。また，「Michael Jackson が亡くなったけど，彼はカッコ良かったよね」では，まず，発話の冒頭では，M. J. は初出で語であるので新情報となり文強勢を受けるが，それ以降の「彼」は既知情報なので文強勢を受けない。

練習 5.2

文強勢を記入しなさい。　　　　　　　　　　　　　　　　　　「文強勢の理解」

1. Give me a hand.
2. What did you do yesterday?
3. This is what I want you to do.
4. I want to be able to speak English fluently.
5. I wanted Bill to lend me his car, but he said no.
6. She doesn't like to hurry.
7. Her father cleaned the basement.
8. I didn't want to leave her.
9. He hasn't even tried it.
10. They need some new pajamas.
11. He wanted to help her forget.
12. We needed to call them at ten.
13. It's better to hide it from John.
14. What can I give as an answer?
15. I'm afraid it will be hard to get back.
16. I think that he's doing it wrong.
17. I thought she would be pretty, and she was.
18. I took my sister to the movies.
19. My father is busy.

文強勢 *(Sentence Stress)*

練習 5.3 CD track 11

「文強勢の確認」

CD を聴いて，文強勢を認識し，その後シャドーイング練習，書き取りをしなさい。

1. (   )
2. (   )
3. (   )
4. (   )
5. (   )

練習 5.4 CD track 12

リスニング問題を聴く前に，次のことを考えてみよう。

「リスニング練習：背景知識」

- 人間には言葉を習得する能力があるのか。
- 外国語で習得した能力は永久に残るのか。

(1) それでは，一回リスニングのパッセージを聴いてみよう。

(2) 自分たちが予想した内容と実際のパッセージの内容についてペアで確認してみよう。

(3) 再度ペアで内容の確認をしよう。

(4) では，再度聴き，リスニング問題に答えてみよう。

Question 1 (   )   Question 2 (   )

練習 5.5

みんなでシャドーイングに挑戦してみよう。その際，登場人物の人間関係・会話の場面を踏まえ，どのような機能を果たそうとしているのか考えよう。

「リスニング・スピーキング練習」

(1) 人間関係：

(2) 場面：

(3) 機能：

(4) (3)の機能を果たす表現：

....

....

....

練習 5.6

　ペアになって，次の日本語を英語にしなさい。その際，「大学」「韓国語」「昼食」は，会話の際に思いつかなかったと想定し，別の言葉で説明しなさい。その後，役割を交代しなさい。　　　　　　　　　　　　　　　　　　　　　　　　　**「補償ストラテジー 2」**

　　A：私は大学に 10 時に行きました。

　　B：10 時半から韓国語の授業にでました。

　　A：その後，レストランで昼食を食べました。

練習 5.7　CD track 1

　リスニング問題を聴く前に，次のことを考えてみよう。

　　　　　　　　　　　　　　　　　　　　　　　　「背景知識・繰り返し練習」

　　●英語の授業ではどのようなことを学ぶのか？

　　●英会話のクラスではどのようなことを学ぶのか？

(1) それでは，一回リスニングのパッセージを聴いてみよう。

(2) 自分たちが予想した内容と実際のパッセージの内容についてペアで確認してみよう。

(3) それでは，もう一度聴いてみよう。

(4) 再度ペアで内容確認をしよう。その際，このパッセージは誰に向けてのメッセージなのかも考えてみよう。

(5) では，再度聴き，リスニング問題に答えてみよう。

　　Question 1（　　　）　　　　　Question 2（　　　）

練習 5.8　CD track 13

　次に各文を聴きながら，全文を書き取りなさい。　　　　　**「リスニング練習」**

　　1.（　　　　　　　　　　　　　　　　　　　　　　　　　　　　　　）

　　2.（　　　　　　　　　　　　　　　　　　　　　　　　　　　　　　）

　　3.（　　　　　　　　　　　　　　　　　　　　　　　　　　　　　　）

　　4.（　　　　　　　　　　　　　　　　　　　　　　　　　　　　　　）

　　5.（　　　　　　　　　　　　　　　　　　　　　　　　　　　　　　）

　　6.（　　　　　　　　　　　　　　　　　　　　　　　　　　　　　　）

文強勢 *(Sentence Stress)* **5**

7. (   )
8. (   )
9. (   )
10. (   )

練習 5.9

以下の題目でスピーチをしよう。但し，手順に気を付けて練習しなさい。

「**スピーチ力を育成する方法の理解**」

〈題目〉

Think about a book that you have enjoyed reading. Why did you like it? What was especially interesting about the book? Use specific examples and details to explain your answer.

(1)　**2分間**で題目について内容をまとめる。

(2)　**1分30秒**のスピーチをする。

(3)　1回目のスピーチで上手くいかなかった箇所の修正を**1分間**で考える。

(4)　今回は**1分15秒**で再度スピーチを行う。

(5)　2度目のスピーチを更に**1分間**で洗練させよう。

(6)　今回は**1分**でスピーチを行う。

ここで学んだ重要なポイントをどのくらい理解できたか，確認しなさい。以下の項目は今後学習するすべての内容とも連動するので，十分に理解できなかったことは，再度確認を行うこと。

			1	2	3	4	5
自己評価チェックリスト 評価基準：　　　1＝全く理解できない　　　　2＝理解できない 　　　　　　　　3＝どちらともいえない　　　4＝理解できた 　　　　　　　　5＝十分理解できた							
5章	**文強勢とは**：文中で，ある単語が受ける強勢						
	内容語とは：意味を伝える上で重要な語						
	機能語とは：文法機能を果たす語						
	品詞を考えずに文強勢を理解する方法：発話中で最低限意味を伝える上で欠かせない語を考える						
1章	**やる気が継続できるようにする方法**：（1章の復習）						
	メタ認知能力とは（1章の復習）						
	シャドーイングする際の留意点：人間関係・状況・場面・機能（1章の復習）						
	リスニング力育成に必要な要素：異文化理解（1章の復習）						
	スピーキング力育成に必要な要素：社会言語能力（1章の復習）						

＝ MEMO ＝

リズムと強勢移動

(*Rhythm and Stress Shift*)

Chapter 6

第6章 リズムと強勢移動
(Rhythm and Stress Shift)

1 リズム(Rhythm)

　リズムとは，周期的に反復する運動において，長短や強弱の配置が規則的に起こることであり，日本語では音律などと訳されている。既に学習した通り日本語は高低アクセントの言語であり，そのリズム形式は音数律，即ち音節数による音律を示す。つまり，**日本語のリズムの基本は音節であり，音節の数に比例して発話時間が大体決まる**。例を挙げると，「意（/i/）」，「石（i.shi）」，「意識（i.shi.ki）」の3つの語を発音する場合，音節の数が一つから2つ，3つと増えるにしたがって，およそ2倍，3倍の長さになる。これに対して，**英語のリズムの基本は強勢であり，強勢の数に比例して発話時間が大体決まる。**

　このことから，**英語は強勢拍リズム(stress-timed rhythm)**の言語，**日本語は音節拍リズム(syllable-timed rhythm)**の言語と言える。また，英語の特徴として，発話中に強勢の置かれる音節が，時間的にほぼ等間隔で現れる。この傾向を英語の**等時性**と言う。

練習6.1　CD track 14

CD を聴いて，英語のリズムの特徴を理解しよう。

「英語のリズムの特徴を理解する」

1. Cats chase rats.
2. The cats chase rats.
3. The cats chase the rats.
4. The cats were chasing the rats.

練習6.2

次の文のリズムを考えてみよう。

「英語のリズムの特徴を考える」

1. Come.
2. Come to tea.
3. Come to tea with John.
4. Come to tea with John and Mike.
5. Come to tea with John and Mike at ten.

日本人の英語学習者は，母語の音節拍リズムに慣れているために，英語の文を発音する場合

リズムと強勢移動 *(Rhythm and Stress Shift)*

にも，一つ一つの音節に平等に時間をかけ，それらを一様に明瞭に言おうとする傾向がある。この傾向を避けるためには，文中の強勢を受ける語の所在を見つけ，その中間にある語はなるべく速く発音することを心掛けるともっと英語らしい発音になる。

練習6.3

次の文に文強勢を置き，リズムに気を付けて読みなさい。

「文強勢とリズムの関係を理解し，英語のリズムを習得する」

1. I met him at the station.
2. There's an interesting assignment in the lesson.
3. A friend in need is a friend indeed.
4. Jack and Jill went up the hill to fetch a pail of water.
5. John's away on business.

---

2 強勢移動 (Stress Shift)

今まで文強勢の基本的な規則について学習してきたが，実際の発話では，対比・強調・リズム等の影響で文強勢の移動が起こり，ストレスの位置が変わることがある。対比・強調による移動は9章イントネーションで扱う。ここでは，リズムの影響による文強勢の移動の例だけを挙げる。

例　Alice is fifteen. →　Alice's been living in Japan for fifteen years.
Tomoko is Japanese. → Tomoko went to the Japanese garden in LA.

このような強勢移動は，強勢の連続を避けるために強勢間に弱強勢を入れるという英語の強弱リズムの特徴に影響された現象と考えられる。**洋画・洋楽などを見たり聞いたりしながら，このような強勢移動を発見したら，その理由を考えてみよう。**

練習 6.4

次の表は，東京，名古屋，大阪の大学生の月単位の英語学習時間を表している。ペアになって，一人が表を見て，英語で説明し，パートナーが表の下の空欄に棒グラフ(bar graph)を描きなさい。　　　　　　　　　　　　**「リスニング・スピーキング練習」**

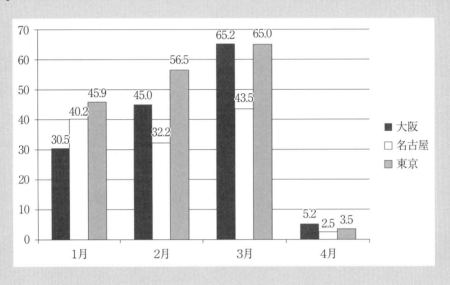

練習 6.5　CD track 15

次の各文を聴き，書き取りしなさい。　　　　　　**「アメリカ英語：リスニング練習」**

1. (　　　　　　　　　　　　　　　　　　　　　　　　　　　　　　　　)
2. (　　　　　　　　　　　　　　　　　　　　　　　　　　　　　　　　)
3. (　　　　　　　　　　　　　　　　　　　　　　　　　　　　　　　　)
4. (　　　　　　　　　　　　　　　　　　　　　　　　　　　　　　　　)
5. (　　　　　　　　　　　　　　　　　　　　　　　　　　　　　　　　)
6. (　　　　　　　　　　　　　　　　　　　　　　　　　　　　　　　　)
7. (　　　　　　　　　　　　　　　　　　　　　　　　　　　　　　　　)
8. (　　　　　　　　　　　　　　　　　　　　　　　　　　　　　　　　)
9. (　　　　　　　　　　　　　　　　　　　　　　　　　　　　　　　　)
10. (　　　　　　　　　　　　　　　　　　　　　　　　　　　　　　　　)

リズムと強勢移動 *(Rhythm and Stress Shift)* **6**

練習 6.6

みんなでシャドーイングに挑戦してみよう。その際，登場人物の人間関係・会話の場面を踏まえ，どのような機能を果たそうとしているのか考えよう。

「リスニング・スピーキング練習」

(1) 人間関係：

(2) 場面：

(3) 機能：

(4) (3)の機能を果たす表現：

練習 6.7

次のパッセージを客室乗務員になったつもりで読んでみよう。リズムに気を付けること。

「リズムの習得」

Ladies and gentlemen, thank you for choosing Japan Airlines. The cabin attendants will now make their final cabin check before we take off. If you have any questions regarding safety, please ask a cabin attendant at this time. Please make sure that all of your carry-on items are put away, and your seat back is in the full upright position, and your seatbelt is fastened.

練習 6.8

日本語と英語のリズムの違いについて日本語・英語で説明しなさい。

「復習・スピーキング練習」

Useful expressions：

(1) stress-timed rhythm, syllable-timed rhythm

(2) Stresses (syllables) tend to recur at regular intervals of time.

(3) 強勢拍リズム，音節拍リズム

練習 6.9

強勢移動について日本語・英語で説明しなさい。　　　「復習・スピーキング練習」

Useful expressions：

(1)　English avoids having too many stresses close together.

(2)　Very often, stresses on alternate words are dropped in sentences.

(3)　強勢が連続でくることを避ける。

練習 6.10

以下の題目でスピーチをしよう。但し，手順に気を付けて練習しなさい。

　　　　　　　　　　　　　　　　「スピーチ力を育成する方法の理解」

〈題目〉

If you were asked to choose one movie that has influenced your thinking, which one would you choose and why? What was especially impressive about the movie?　Use specific reasons and details to explain your choice.

(1)　**1分間**で題目について内容をまとめる。

(2)　**1分30秒**のスピーチをする。

(3)　1回目のスピーチで上手くいかなかった箇所の修正を**45秒**で考える。

(4)　今度は**1分15秒**で再度スピーチを行う。

(5)　2度目のスピーチを更に**30秒**で洗練させよう。

(6)　今度は**1分**でスピーチを行う。

リズムと強勢移動 *(Rhythm and Stress Shift)* **6**

　ここで学んだ重要なポイントをどのくらい理解できたか，確認しなさい。以下の項目は今後学習するすべての内容とも連動するので，十分に理解できなかったことは，再度確認を行うこと。

自己評価チェックリスト
評価基準：　　1＝全く理解できない　　　2＝理解できない
　　　　　　　3＝どちらともいえない　　4＝理解できた
　　　　　　　5＝十分理解できた

		1	2	3	4	5
6章	**日本語のリズム**：音節拍リズム					
	英語のリズム：強勢拍リズム					
	英語のリズムの土台は：文強勢					
	強勢移動とは：連続した強勢を避ける為に，強勢を受ける音節(語)が移動する。					
1章	**やる気が継続できるようにする方法**：具体的な将来像の確立(1章の復習)					
	メタ認知能力とは：学習計画・自己評価・点検・学習計画の修正(1章の復習)					
	シャドーイングする際の留意点：人間関係・状況・場面・機能(1章の復習)					
	リスニング力育成に必要な要素：全て(1章の復習)					
	スピーキング力育成に必要な要素：全て(1章の復習)					

＝ MEMO ＝

....
....
....
....
....
....
....

復　習 II

(Review II)

Chapter 7

第7章 復習Ⅱ
(Review Ⅱ)

1　5・6章で学んだことの復習をしよう

5章

1．内容語・機能語とは

Useful expressions：

(1)　content words（内容語）：words that carry information（情報を伝える語）

(2)　function words（機能語）：words that indicate grammatical relationships

2．品詞を考えずに文強勢を理解する方法

Useful expressions：

words that carry information

（例）I went to the station.

6章

1．日本語と英語のリズムの違いは何か。

Useful expressions：

(1)　音節拍リズム，強勢拍リズム

(2)　syllable-timed, stressed-timed

(3)　syllables/stresses tend to recur at regular intervals of time

2．強勢移動とは

Useful expressions：

(1)　stress shift（強勢移動）

(2)　avoid having stresses too close together

重要なポイント

1．やる気を継続させる方法

Useful expressions：

(1)　Self-efficacy: ① perfomance experiences; ② verbal persuasion; ③ observations of the behavior of others and the consequences of those behaviors; and ④ emotional states

66

（自己効力感：①過去の達成経験；②他者からの激励；③ロール・モデル；④安心な学習環境）

(2) Specific reasons for English study（具体的な学習理由）

2. メタ認知能力（meta-cognitive competency）とは

Useful expressions：

(1) study plan, assess（評価），modify（修正する）

3. シャドーイングする際の留意点

Useful expressions：

(1) situations

(2) personal relationship between the speaker and the listener

(3) non-verbal features such as gestures, attitude

4. リスニング力育成に必要な要素の中に，異文化理解が重要な理由は。

Useful expressions：

(1) intercultural understanding

(2) common sense, customs, culture, non-verbal features

5. スピーキング力育成に必要な要素の中に社会言語能力が重要な理由は。

Useful expressions：

(1) sociocultural competency

(2) the way people talk

(3) situations, personal relationship, non-verbal features

2 5・6章で練習した内容を復習しよう

練習 7.1

文強勢・リズムに注意して読みなさい。 **「文強勢・リズムの習得」**

1. Give me a hand.
2. What did you do yesterday?
3. This is what I want you to do.
4. I want to be able to speak English Fluently.
5. I wanted Bill to lend me his car, but he said no.
6. She doesn't like to hurry.
7. Her father cleaned the basement.
8. I didn't want to leave her.
9. He hasn't even tried it.
10. They need some new pajamas.
11. He wanted to help her forget.
12. We needed to call them at ten.
13. It's better to hide it from John.
14. What can I give as an answer?
15. I'm afraid it will be hard to get back.
16. I think that he's doing it wrong.
17. I thought she would be pretty, and she was.
18. I took my sister to the movies.
19. My father is busy.

練習 7.2 CD track 1, track 12

　以下は，英文を聴いて，その内容についての質問に答える問題である。それぞれの英文について Question 1 と Question 2 がある。その質問に対する最も適切な答えを，A, B, C, D の中から選び，解答欄に記入しなしなさい。英文はそれぞれ 2 回ずつ，質問は 1 回だけ発音される。その後，内容について英語で説明しなさい。**「オーストラリア英語：繰り返し学習」**

[Passage 1] Question 1 (　　　)　　　　Question 2 (　　　)

[Passage 2] Question 1 (　　　)　　　　Question 2 (　　　)

復 習 II (Review II)   7

練習 7.3

次の表は，東京，名古屋，大阪の大学生の月単位の英語学習時間を表している。ペアになって，一人が表を見て，英語で説明し，パートナーが次のページの空欄に棒グラフ (bar graph) を描きなさい。　　　　　「リスニング・スピーキング：繰り返し練習」

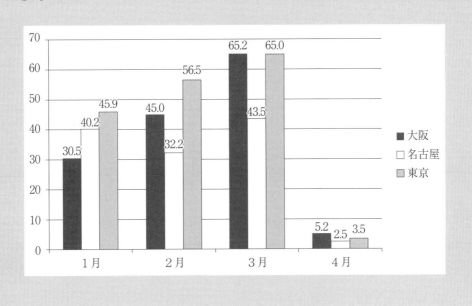

練習 7.4　CD track 15

次の各文を聴き，書き取りしなさい。

　　　　　　　　　　　　　　　　　　　　　　「リスニング練習：繰り返し練習」

1. (　　　　　　　　　　　　　　　　　　　　　　　　　　　　)
2. (　　　　　　　　　　　　　　　　　　　　　　　　　　　　)
3. (　　　　　　　　　　　　　　　　　　　　　　　　　　　　)
4. (　　　　　　　　　　　　　　　　　　　　　　　　　　　　)
5. (　　　　　　　　　　　　　　　　　　　　　　　　　　　　)
6. (　　　　　　　　　　　　　　　　　　　　　　　　　　　　)
7. (　　　　　　　　　　　　　　　　　　　　　　　　　　　　)
8. (　　　　　　　　　　　　　　　　　　　　　　　　　　　　)
9. (　　　　　　　　　　　　　　　　　　　　　　　　　　　　)
10. (　　　　　　　　　　　　　　　　　　　　　　　　　　　　)

練習 7.5

みんなでシャドーイングに挑戦してみよう。その際，登場人物の人間関係・会話の場面を踏まえ，どのような機能を果たそうとしているのか考えよう。

「シャドーイングの効果的活用法の理解」

(1) 人間関係：

(2) 場面：

(3) 機能：

(4) (3)の機能を果たす表現：

．．

．．

．．

練習 7.6

次のパッセージを客室乗務員になったつもりで読んでみよう。リズムに気を付けること。

「音読練習」

Ladies and gentlemen, thank you for choosing Japan Airlines. The cabin attendants will now make their final cabin check before we take off. If you have any questions regarding safety, please ask a cabin attendant at this time. Please make sure that all of your carry-on items are put away, and your seat back is in the full upright position, and your seatbelt is fastened.

練習 7.7

以下の内容を日本語(英語)で説明しなさい。

「重要事項の確認」

(1) 音はどのように作られるのか。

(2) 日本語と英語のアクセントの違いは何か。

(3) 合成名詞のアクセントは。

(4) 名詞句のアクセントは。

(5) 句動詞のアクセントは。

(6) 句動詞で名詞目的語が副詞の後にくる場合のアクセントは。

(7) 句動詞で名詞目的語が動詞と副詞の間にくる場合にアクセントは。

(8)　句動詞で名詞目的語が代名詞の場合のアクセントは。

(9)　日本語と英語のリズムの違いは。

(10)　強勢移動とは。

(11)　英語でスピーチをする際に気を付けることは。

練習 7.8

以下の題目でスピーチをしよう。但し，手順に気を付けて練習しなさい。

「スピーチ力を育成する方法の定着」

〈題目〉

Which city in the world would you like to visit? Use specific reasons and details to explain your choice.

(1)　**45 秒**で題目について内容をまとめる。

(2)　**1 分 30 秒**間のスピーチをする。

(3)　1 回目のスピーチで上手くいかなかった箇所の修正を **30 秒**で考える。

(4)　今度は **1 分 15 秒**で再度スピーチを行う。

(5)　2 度目のスピーチを更に **15 秒**で洗練させよう。

(6)　今度は **1 分**でスピーチを行う。

5章で学んだ重要なポイントをどのくらい理解できたか，確認しなさい。以下の項目は今後学習するすべての内容とも連動するので，十分に理解できなかったことは，再度確認を行うこと。

	自己評価チェックリスト 評価基準：　1＝全く理解できない　2＝理解できない 3＝どちらともいえない　4＝理解できた 5＝十分理解できた	1	2	3	4	5
5章	**文強勢とは**：文中で，ある単語が受ける強勢					
	内容語とは：意味を伝える上で重要な語					
	機能語とは：文法機能を果たす語					
	品詞を考えずに文強勢を理解する方法：発話中で最低限意味を伝える上で欠かせない語を考える					
	やる気が継続できるようにする方法：現在の自分のレベルを把握し，具体的な「自分の理想像」を確立する。					

= MEMO =

6章で学んだ重要なポイントをどのくらい理解できたか，確認しなさい。以下の項目は今後学習するすべての内容とも連動するので，十分に理解できなかったことは，再度確認を行うこと。

自己評価チェックリスト 評価基準： 1＝全く理解できない 2＝理解できない 3＝どちらともいえない 4＝理解できた 5＝十分理解できた		1	2	3	4	5
6章	**日本語のリズム**：音節拍リズム					
	英語のリズム：強勢拍リズム					
	英語のリズムの土台は：文強勢					
	強勢移動とは：連続した強勢を避ける為に，強勢を受ける音節・語が移動する					
1章	**やる気が継続できるようにする方法**：全て（1章の復習）					
	メタ認知能力とは：学習計画・自己評価・点検・学習計画の修正（1章の復習）					
	シャドーイングする際の留意点：人間関係・状況・場面・機能（1章の復習）					
	リスニング力育成に必要な要素：全て（1章の復習）					
	スピーキング力育成に必要な要素：全て（1章の復習）					

═ MEMO ═

連　結
(*Linking*)

Chapter 8

第8章 連 結
(Linking)

　日本人学習者が，ネイティブ・スピーカーのようなスムーズな英語を習得するためには，音声変化についても習熟しなければならない。全体として微妙な変化を繰り返しながらも，話が自然な速度を保ちながらスムーズに流れるためには，それぞれの語句を断片的に発音するのではなく，ある程度まとめて発音することが必要になる。例えば，need it を発音する場合，need と it をそれぞれ別々に発音するのではなく，nee-dit のように一つにまとめて発音した方がなめらかである。このような事項はすでに今までの練習過程である程度理解できてきていると思うが，ここでは基本的な語句間の英語の音声変化を学習する。

1　音の連結（Linking）

　前の語の末尾の子音と，次に続く語頭の母音が連続して発音される。このような現象を連結（linking）という。

　　　　　　　　　　　　　　　　　　　　　　　　　　　　　　　「連結現象の理解」

　　　　例　　1．open up
　　　　　　　2．turn off
　　　　　　　3．join us
　　　　　　　4．when I
　　　　　　　5．can I

練習 8.1　CD track 16

　　音の連結と文強勢を付しなさい。その後 CD を聴き予測通り読まれているか確認し，リピートしなさい。　　　　　　　　　　　　　　　　　　「音の連結・文強勢の実践」

　　　　1．Please come in.
　　　　2．Why don't you put it on?
　　　　3．There are three apples on the table.
　　　　4．You have to clean up your room. It's really messy.
　　　　5．I've decided to speak to my friends in English all the time.
　　　　6．We still have lots of time to finish it.

連 結 *(Linking)*

7. I can't open this door. Can you open it?

8. Don't give up. You can do it if you really try hard.

9. Can you stand up? I just want to see how tall you are.

10. In other words, you didn't do your assignment for today, right?

練習8.2 CD track 16

練習8.1のCDを聴いて，各文を書き取りなさい。

「連結現象を踏まえたリスニング：繰り返し練習」

1. (   )
2. (   )
3. (   )
4. (   )
5. (   )
6. (   )
7. (   )
8. (   )
9. (   )
10. (   )

練習8.3

歌を聴いて，空欄に聞こえてくる英語を書き取りなさい。　　　「リスニング練習」

(   ) (   ) feeling's coming over me

There is (   ) (   ) most everything I see

(   ) (   ) cloud in the sky

(   ) (   ) sun in my eyes

And I (   ) be surprised if (   ) (   ) dream

Everything I want the (   ) to be

Is now coming (   ) especially for me

And the ( ) is ( )

It's because you are ( )

You're the ( ) thing to heaven that I've seen

I'm on the ( ) ( ) the world looking down on creation

And the only ( ) I can find

Is the love that I've found

ever since ( ) ( ) around

Your love's ( ) me

at the ( ) ( ) the world

（カーペンターズのヒット曲の一つ）

練習 8.4 CD track 17

次のパッセージを聴いて，内容にあった絵を描こう。

「アメリカ英語：リスニング練習」

連 結 (Linking)   **8**

練習 8.5 CD track 18

パッセージを聴く前に以下のことをペアで考えよう。

「背景知識を活用したリスニング練習」

●英語の学習目的は何か。

●どのようにしたら目的を達成できるのか。

(1) CDを聴き，内容に関しての情報交換をペアで行いなさい。

(2) 再度CDを聴き，以下の問いに答えなさい。

Question 1：Who is this advice for?

Question 2：What are some long-term purposes for learning English?

Question 3：What are some examples of a good plan of action for success?

Richard McMahon (2003) *Presenting Different Opinions*，南雲堂，p.6.

練習 8.6

英語のスピーチに挑戦しよう。   **「スピーチの効果的方法の理解」**

〈題目〉

A possession is an object that you own. If you were asked to choose one possession that you prize highly, which one would you choose? Why? What makes this possession especially valuable to you? Use specific examples and details to explain your choice.

(1) **30秒**で題目について内容をまとめる。

(2) **1分30秒**のスピーチをする。

(3) 1回目のスピーチで上手くいかなかった箇所の修正を**30秒**で考える。

(4) 今度は**1分15秒**で再度スピーチを行う。

(5) 2度目のスピーチを更に**15秒**で洗練させよう。

(6) 今度は**1分**でスピーチを行う。

練習 8.7

以下の内容について日本語（英語）で説明しなさい。　　　　　　「**重要事項の確認**」

(1) 音の作り方。

(2) 英語と日本語のアクセントの違い。

(3) 英語と日本語のリズムの違い。

(4) 強勢移動とは。

(5) 連結とは：consonant（子音），vowel（母音）。

(6) スピーチをする際の方法。

(7) リスニング力育成になぜ背景知識（background knowledge）を培う必要があるのか。

(8) リスニング力育成になぜ英語の音声の特徴（English phonetic features）の理解が必要なのか。

(9) スピーキング力育成になぜ補償ストラテジー（compensatory strategies）が必要なのか（compensate for missing knowledge, paraphrase（言い換え））。

(10) スピーキング力育成になぜ機能能力（functional competency）が必要なのか。

(11) スピーキング力育成になぜ社会言語能力（sociolinguistics competency）が必要なのか。

(12) 学習継続にはメタ認知能力（meta-cognitive competency）と具体的な理想像（concrete ideal-self）の確立が必要なのか。

連　結 *(Linking)*

8

　ここで学んだ重要なポイントをどのくらい理解できたか，確認しなさい。以下の項目は今後学習するすべての内容とも連動するので，十分に理解できなかったことは，再度確認を行うこと。

自己評価チェックリスト
評価基準：　　1＝全く理解できない　　　　2＝理解できない
　　　　　　　3＝どちらともいえない　　　4＝理解できた
　　　　　　　5＝十分理解できた

		1	2	3	4	5
8章	**連結**とは：前の語の末尾の子音と次に続く語頭の母音が連続して発音される					
	やる気が継続できるようにする方法：具体的な将来像の確立（1章の復習）					
	メタ認知能力とは：学習計画・自己評価・点検・学習計画の修正（1章の復習）					
	シャドーイングする際の留意点：人間関係・状況・場面・機能（1章の復習）					
	リスニング力育成に必要な要素：全て（1章の復習）					
	スピーキング力育成に必要な要素：全て（1章の復習）					

═ MEMO ═

同 化

(*Assimilation*)

Chapter 9

第9章 同 化
(Assimilation)

　ある音が隣接する音の影響でそれに似た音になったり，あるいは隣接した音の両方に変化が起こる現象を音の同化(assimilation)という。同化現象は同化確立の度合い，同化作用の方向・程度によって分類されるが，同一の音の変化現象もいくつかの同化作用で説明できる場合もある。

1　進行同化(Progressive Assimilation)

進行同化とは，**前の音によって後続する音が影響される現象**を言う。例えば，
  - a．move → moves(/v/ が有声音だから後続音が /z/ になる)
  - b．cook → cooks(/k/ が無声音だから後続音が /s/ になる)

2　逆行同化(Regressive Assimilation)

　逆行同化とは，**後の音によって先行する音が変化する現象**を言う。例えば，have の発音は，単独で発音される場合と have to go の中で発音される場合とでは違う。前者では[hæv]である。have to の場合，to の無声音[t]の影響を受けて有声音[v]が無声音[f]に変化する。
  - a．of course
  - b．used to go

3　相互同化(Coalescent Assimilation)

　相互同化とは，**先行する音と後続する音がお互いに影響し合って別の音になる現象**を言う。
  - a．meet you
  - b．miss you

練習9.1　CD track 19

　CD を聴いて，以下の語句を発音してみよう。　　　　「アメリカ英語：同化の理解」
  ①　単語の終わりの子音が /t/ + you
   1．meet you　　　　2．what's your name?　　　3．taught you

84

同 化 *(Assimilation)* **9**

② 単語の終わりの子音が /d/＋ you

1．send you　　　　　2．and you　　　　　3．did you

4．could you　　　　　5．would you

③ 単語の終わりの子音が /s/＋you

1．bless you　　　　　2．miss you　　　　　3．express your idea

④ 単語の終わりの子音が /z/＋you

1．please you　　　　　2．as you　　　　　3．surprise you

4．use your dictionary

横山安紀子(2002)『これ一冊で英語のリスニングがマスターできる！』ナツメ社，87-88

練習9.2　CD track 20

CD を聴いて，同化現象が起こる箇所を示しなさい。その後，それぞれの文を書き取りなさい。　　　　　　　　　　　　　**「アメリカ英語：リスニング練習」**

1．(　　　　　　　　　　　　　　　　　　　　　　　　　　　　　)

2．(　　　　　　　　　　　　　　　　　　　　　　　　　　　　　)

3．(　　　　　　　　　　　　　　　　　　　　　　　　　　　　　)

4．(　　　　　　　　　　　　　　　　　　　　　　　　　　　　　)

5．(　　　　　　　　　　　　　　　　　　　　　　　　　　　　　)

練習9.3　CD track 21

CD を聴いてシャドーイングしなさい。その後，全文を書き取りなさい。
「アメリカ英語：リスニング練習」

練習 9.4　CD track 22

　以下は，CD で 3 つの対話文を聴き，それぞれの内容についての質問に答える問題である。各対話についての質問が一つずつあるので，最も適切な答えを，A, B, C, D の中から選び，解答欄に記入しなさい。対話文と質問は 1 回ずつ録音している。

「オーストラリア英語：文字原稿による段階的学習」

Dialogue 1 (　　　)　　　　Dialogue 2 (　　　)　　　　Dialogue 3 (　　　)

練習 9.5　CD track 22

　練習 9.4 の CD を再度聴き，自分の言葉でそれぞれの対話文を日本語(英語)で説明しよう。その際，メモを取っても構わない。　　　　**「スピーキング：繰り返し練習」**

= MEMO =

Dialogue 1
....
....

Dialogue 2
....
....

Dialogue 3
....
....

同 化 (Assimilation) **9**

練習9.6

洋楽を聴いて，書き取りをしよう。　　　　　　　　　　　　「リスニング練習」

　If you search for (　　)

　It isn't (　　) (　　) find

　You can have the (　　) you need (　　) (　　)

　But if you look for (　　)

　You might (　　) (　　) well be blind

　It always (　　) (　　) be so hard to give

　Honesty is (　　) (　　) lonely (　　)

　Everyone is so (　　)

　Honesty is (　　) ever (　　)

　And mostly what (　　) (　　) from you

　　　　　　　　　　　　　　　（ビリー・ジョエルのヒット曲の一つ）

練習9.7　CD track 23

日本文化に関する説明を聴いて，それが何を説明しているのかを日本語で答えなさい。

　　　　　　　　　　　　　　　　　　　「アメリカ英語：予備知識」

　No. 1 (　　)　　　No. 2 (　　)　　　No. 3 (　　)　　　No. 4 (　　)　　　No. 5 (　　)

練習9.8　CD track 23

練習9.7のパッセージを再度聴き，内容を自分の言葉で説明しなさい。

　　　　　　　　　　　　　　　　　　　「スピーキング練習」

練習 9.9

同化について日本語（英語）で説明しなさい。　　　　　　　　　「既習内容の理解の確認」

　Useful expressions：

　(1)　Assimilation（progressive, regressive, coalescent）

　(2)　Takes on the characteristics of a neighboring sound

練習 9.10

　講義で既習した日本語と英語のアクセント・リズムの違いについて，日本語（英語）で説明しなさい。　　　　　　　　　　　　　　　　　　　　　　　　　　　　「復習」

練習 9.11

英語のスピーチに挑戦しよう。　　　　　　　　　　「スピーチの効果的方法の定着」

　題目：Where would you like to study in the United States?

　(1)　**30 秒**で題目について内容をまとめる。

　(2)　**1 分間 30 秒**のスピーチをする。

　(3)　1 回目のスピーチで上手くいかなかった箇所の修正を **15 秒**で考える。

　(4)　今度は **1 分 15 秒**で再度スピーチを行う。

　(5)　2 度目のスピーチを更に **15 秒**で洗練させよう。

　(6)　今度は **1 分**でスピーチを行う。

同　化 *(Assimilation)*

9

　ここで学んだ重要なポイントをどのくらい理解できたか，確認しなさい。以下の項目は今後学習するすべての内容とも連動するので，十分に理解できなかったことは，再度確認を行うこと。

自己評価チェックリスト
評価基準：　　　1＝全く理解できない　　　　　2＝理解できない
　　　　　　　　3＝どちらともいえない　　　　4＝理解できた
　　　　　　　　5＝十分理解できた

		1	2	3	4	5
9章	**同化とは**：ある音が隣接する音の影響でそれに似た音になったり，あるいは隣接した音の両方に変化が起こる現象					
	やる気が継続できるようにする方法：具体的な将来像の確立（1章の復習）					
	メタ認知能力とは：学習計画・自己評価・点検・学習計画の修正（1章の復習）					
	シャドーイングする際の留意点：人間関係・状況・場面・機能（1章の復習）					
	リスニング力育成に必要な要素：全て（1章の復習）					
	スピーキング力育成に必要な要素：全て（1章の復習）					

＝ MEMO ＝

音の脱落

(Elision)

Chapter 10

第**10**章 # 音の脱落
(Elision)

1 2種類の音変化(Two Types of Elision)

　単語内や単語間で2つ以上の子音が連続して発音される場合，その内の一つが脱落することがある。音の同化作用により，2つ以上の子音が一つの音に吸収されてしまう場合も，音の脱落と考えてよい。音の変化が固定化されて確立した確立脱落と，環境によって偶然起こる偶発脱落の2つがある。

(1)　確立脱落
　歴史的過程によって音が脱落したものであり，多くは単語内で起こる。

cupboard	(/p/ の脱落)
castle	(/t/ の脱落)
mortgage	(同上)

(2)　偶発脱落
　一時的・偶発的に起こった音の脱落であり，多くは単語間で起こる。

（a）　/t/, /d/ の脱落
/t/, /d/ が2つの子音の間にくる場合，脱落が起こる。

/t/ の脱落

last time	(las time)
most people	(mos people)
best class	(bes class)
soft music	(sof music)
next week	(nex week)
kept studying	(kep studying)

/d/ の脱落

sand paper	(san paper)
blind man	(blin man)
stand by	(stan by)
seemed good	(seem good)
second time	(secon time)

92

音の脱落 (Elision)　**10**

（b）　**he, his, him, her, them** などの /h/, /th/ の脱落

練習 10.1　CD track 24

次の語句を CD で聴いて，書き取りをしてみよう。ただし，全て 2 つの語句を発音している。　　　　　　　　　　　　　　　　　　　　　　　　「脱落の確認」

1.（　　　　　）　　2.（　　　　　）　　3.（　　　　　）
4.（　　　　　）　　5.（　　　　　）　　6.（　　　　　）
7.（　　　　　）

CD で確認したように，人称代名詞の /h/, /th/ は発話速度が上がるにつれて，脱落する。

練習 10.2　CD track 25

CD を聴いて，音の脱落に注意して，次の語句を発音しなさい。　　「脱落の理解」

1．last time　　2．soft music　　3．next week　　4．most people
5．kind to　　6．don't mind　　7．seemed good　　8．stand by
9．ask her　　10．send him　　11．find them

練習 10.3　CD track 26

CD を聴いて，それぞれの文を書き取りなさい。　「アメリカ英語：リスニング練習」

1.（　　　　　　　　　　　　　　　　　　　　　　　　　　　）
2.（　　　　　　　　　　　　　　　　　　　　　　　　　　　）
3.（　　　　　　　　　　　　　　　　　　　　　　　　　　　）
4.（　　　　　　　　　　　　　　　　　　　　　　　　　　　）
5.（　　　　　　　　　　　　　　　　　　　　　　　　　　　）
6.（　　　　　　　　　　　　　　　　　　　　　　　　　　　）
7.（　　　　　　　　　　　　　　　　　　　　　　　　　　　）
8.（　　　　　　　　　　　　　　　　　　　　　　　　　　　）
9.（　　　　　　　　　　　　　　　　　　　　　　　　　　　）
10.（　　　　　　　　　　　　　　　　　　　　　　　　　　　）

練習 10.4 CD track 27

予備知識を活用しながらリスニングに挑戦してみよう。

「アメリカ英語：背景知識を活用したリスニング練習」

(1) もしマックのドライブ・スルーで注文した時に，コーヒーを溢し火傷をして入院することになった場合には，誰の責任になるのか。

(2) マック側の責任があるとするならば，どのような請求が可能なのか。

(3) CDを聴き，内容に関しての情報交換をペアで行いなさい。

(4) 再度CDを聴き，以下の問いに答えなさい。

Something to talk about, Kathleen Olson, The University of Michigan Press, 2004.

練習 10.5 CD track 27

指示に従って，ペアで練習しなさい。

再度練習 10.4 の CD を聴いて，その内容（実話）についてペアになって日本語（英語）で説明しなさい。その後，自分の意見を述べなさい。下の空欄にメモを取っても構わない。

ヒント：sue（訴える）

「アメリカ英語：リスニング・スピーキング練習」

音の脱落 (Elision) **10**

練習 10.6 CD track 28

CDを聴いて，シャドーイングしなさい。完璧にできたら，全文書き取りなさい。

「リスニング・スピーキング練習」

....
....
....
....
....
....

練習 10.7

この授業では以下のことを重要視し，学習してきた。ペアで以下の事項について，それぞれ説明し，また，どうして重要なのか説明しなさい。　**「既習内容の理解の確認」**

英語の聴解力育成に必要な要素には，
- (1)　世事に関する広い常識・知見
- (2)　音声の特徴の理解・知識
- (3)　まとまった内容の英語を聞いて瞬時に認識し記憶する力
- (4)　ネイティブ・スピーカーの音声のインプット
- (5)　多様な地域的・社会的アクセント[訛り]に関する知識
- (6)　文字原稿による段階的な学習
- (7)　文化的背景，ないし，異文化理解　など

英語の発話力育成に不可欠な要素には，
- (1)　音読とシャドーイング
- (2)　繰り返し練習
- (3)　補償ストラテジー
- (4)　機能能力(例：依頼，要求，謝罪)
- (5)　社会言語能力　など

英語学習の動機を維持するために必要な事項は，

(1)　具体的な学習理由の確立
(2)　自己効力感
(3)　メタ認知能力
(4)　具体的な将来像の確立　など

練習 10.8

英語のスピーチに挑戦しよう。　　　　　　　　　　**「スピーチの効果的方法の定着」**

題目：Choose a place you go to often that is important to you and explain why it
　　　is important. Please include specific details in your explanation.

(1)　**30秒**で題目について内容をまとめる。
(2)　**1分30秒**のスピーチをする。
(3)　1回目のスピーチで上手くいかなかった箇所の修正を**10秒**で考える。
(4)　今度は**1分15秒**で再度スピーチを行う。
(5)　2度目のスピーチを更に**10秒**で洗練させよう。
(6)　今度は**1分**でスピーチを行う。

音の脱落 *(Elision)*　　**10**

　ここで学んだ重要なポイントをどのくらい理解できたか，確認しなさい。以下の項目は今後学習するすべての内容とも連動するので，十分に理解できなかったことは，再度確認を行うこと。

自己評価チェックリスト
評価基準：　　　1 ＝全く理解できない　　　　2 ＝理解できない
　　　　　　　　3 ＝どちらともいえない　　　4 ＝理解できた
　　　　　　　　5 ＝十分理解できた

		1	2	3	4	5
10章	**脱落とは**：子音が連続して起こる場合に，一つが発音されない現象					
1章	**やる気が継続できるようにする方法**：具体的な将来像の確立（1章の復習）					
	メタ認知能力とは：学習計画・自己評価・点検・学習計画の修正（1章の復習）					
	シャドーイングする際の留意点：人間関係・状況・場面・機能（1章の復習）					
	リスニング力育成に必要な要素：全て（1章の復習）					
	スピーキング力育成に必要な要素：全て（1章の復習）					

＝ MEMO ＝

イントネーション

(*Intonation*)

Chapter 11

第11章 イントネーション
(Intonation)

　既に説明したことであるが，英語特有のアクセント・リズムは文強勢と密接な関係があり，日本人にとって英語学習上きわめて大切な要素である。また，外国語を話す時，それぞれの言語特有のメロディーも同じく大切な要素である。ここで言うメロディーは，話し言葉のメロディーで，連即した話し言葉の中で，声の高低(ピッチ)によって形成される抑揚のことである。特に文の抑揚，即ち**話し言葉のメロディーを音調(intonation)と呼ぶ**。話し手は，音調を変えることによって聞き手に自分の意図・感情を伝えることができる。**同じ言葉を使っても，イントネーションの違いで意味や意図・感情も違ってくる**。従って，イントネーションを正しく習得し，正確に使用しないと意思の疎通が図れなかったり，誤解を招いたりする。意味・内容は伝わっても，時には不快感を与えてしまうことも起こり得るので十分配慮しなければならない。

　英語学習で大切なことは，英語特有のアクセント・リズムと密接に関連する音の大きさと長さの要素をよく理解した上で，自分の意図・感情を聞き手に正しいメロディーで伝えるように練習を積むことである。イントネーションの高低は個々の話し手によって多少違いがあり，絶対的なものではない。しかし，基本的な発話パターンにおけるイントネーション型を理解することで，話し手からのメッセージと気持ちを正確にキャッチできるし，聞き手に自分のメッセージを正しく伝えることができる。本書では，イントネーションの音の高低変化をレベル1＝低，2＝中，3＝高，4＝特高の4段階で表す。

```
例    I'm Tom. I'm glad to meet you.
4 ..................................................................
3 ............T..................meet...........................
2 ......I'm...o....I'm glad to...........................
1 ..................m........................you..........
```

　本書で表した直線部は，実際の場面で，多少変化することもある。しかし，イントネーションで大切なことは，言葉全体の相対的な高低である。本書では練習の便宜上，上記の4段階方式を使用したが，レベル4は特に強い感情を表す以外は用いられない。

　まずは，基本的なイントネーション型について説明する。

イントネーション (Intonation) **11**

1 基本的なイントネーション型

1.1 下降イントネーション型

このパターンは，話し手の言うことが完結するときや，断定する気持ちが強い時に使われることが多い。イントネーションの線の表記法は以下の点に留意すれば分かりやすい。

（1） 文強勢を付記する。

（2） 最後の文強勢で変化する（ピッチ変化が起こる箇所を音調核と言う）。

（3） 最後の文強勢がくる語が1音節語，あるいは，その後に音節・語が続かない場合には，滑らかに線を引く。

　　例　I need a break.

　　(1)　I neˈed a breˈak.

　　(2)　I need a break.

　　(3)　I need a break.

（4） 最後の文強勢がくる語が2音節以上，あるいは，その後に音節・語が続く場合には，垂直に線を引く。

　　例　Iˈm glad to meet you.

　　(1)　Iˈm glˈad to meˈet you.

　　(2)　Iˈm glad to meet you.

　　(3)　Iˈm glad to meet you.

　　例　I study mu.sic.（単語内のピリオドは分節を意味する）

　　(1)　I stˈudy mˈu.sic.

　　(2)　I study mu.sic.

　　(3)　I study mu. sic.

（ア）平叙文

　　例　I love to stud.y Eng. lish.

（イ）命令文

　　例　Finish your assign. ment.

（ウ）感嘆文

　　例　　What a beau. ti.ful car it is!

（エ）疑問詞で始まる疑問文

　　例　　Why is he cry. ing?

（オ）同意を求める付加疑問文（～だよね）

　　例　　She didn't drink whis. ky, did she?

練習 11.1

次の文意イントネーションを表記しなさい。　　**「下降イントネーション型の理解」**

1. See you la.ter.
2. Give me a break.
3. Where's he go.ing?
4. I'm sor.ry to be late.
5. Please read it care.ful.ly.
6. I'm hap.py to meet you.
7. Who broke the win.dow?
8. What a beau.ti.ful car it is!
9. Where are you tak.ing us?
10. Please re.peat what you said.
11. They are liv.ing in Los An.ge.les.
12. Tom wan.ted to tell me about it.
13. How of.ten do you stud.y Eng.lish?
14. I won.der what he is do.ing.
15. What time do you u.su.al.ly get up?
16. You didn't break the law, did you?（同意を求めて）
17. How much did it cost you to fix it?
18. Why didn't you tell him about it?
19. When are you plan.ning to go to A.me.ri.ca?
20. You've fi.nished your home.work, haven't you?（同意を求めて）

イントネーション (Intonation) 　11

練習 11.2

次の文にイントネーションを表記しなさい。　　**「下降イントネーション型の習得」**

1．Who read the book?
2．How can I get out of it?
3．Look at the dan.cing girl.（踊っている少女）
4．Look at the dan.cing girl.（踊り子）
5．What are you look.ing at?
6．She is an Eng.lish tea.cher.（英語教師）
7．She is an Eng.lish tea.cher.（イギリス人教師）
8．Turn right at the traf.fic light.
9．How can I go to the post of.fice?
10．Pre.si.dent O.ba.ma lives in the White House.
11．Mr. O.ba.ma lives in a white house.

練習 11.3　CD track 29

CD を聴いて，会話文を全文書き取りなさい。また，それぞれの発話の音調核はどの語にきているか示しなさい。　　**「アメリカ英語：リスニング・イントネーション練習」**

A：(　　　　　　　　　　　　　　　　　　　　　　　　)
B：(　　　　　　　　　　　　　　　　　　　　　　　　)
A：(　　　　　　　　　　　　　　　　　　　　　　　　)
B：(　　　　　　　　　　　　　　　　　　　　　　　　)
A：(　　　　　　　　　　　　　　　　　　　　　　　　)
B：(　　　　　　　　　　　　　　　　　　　　　　　　)
A：(　　　　　　　　　　　　　　　　　　　　　　　　)

103

> **練習 11.4　CD track 29**

CDを再度聴いて，会話の内容をペアになって日本語（英語）で説明しなさい。

「アメリカ英語：リスニング＋復習（スピーキング）」

= MEMO =

....

....

....

....

> **練習 11.5　CD track 30**

CDを聴いて，シャドーイングしなさい。その後，全文を書き取りなさい。

「アメリカ英語：リスニング練習」

1. (　　　　　　　　　　　　　　　　　　　　　　　　　　　　　　　)
2. (　　　　　　　　　　　　　　　　　　　　　　　　　　　　　　　)
3. (　　　　　　　　　　　　　　　　　　　　　　　　　　　　　　　)
4. (　　　　　　　　　　　　　　　　　　　　　　　　　　　　　　　)
5. (　　　　　　　　　　　　　　　　　　　　　　　　　　　　　　　)
6. (　　　　　　　　　　　　　　　　　　　　　　　　　　　　　　　)
7. (　　　　　　　　　　　　　　　　　　　　　　　　　　　　　　　)

1.2　上昇イントネーション型

このパターンは次の場合に用いられる。

1. Yes または No の答えを求める疑問文

　　例　　Do you play golf?

2. 呼びかけ

　　例　　Tom, what are you doing?

イントネーション (Intonation)　**11**

３．親しみを込めた丁寧な命令文や wh- 疑問文

　　例　　Help me with this.

４．答えを要求する場合の付加疑問文（〜なの）

　　例　　She didn't drink whis. ky, did she?

練習 11.6

下記の各文にイントネーションを表記しなさい。**「上昇イントネーション型の理解」**

1．Do you like Eng.lish?
2．Does she play bas.ket.ball?
3．Do you live on Ta.chi.ba.na Street?
4．Pro.fes.sor, is this cor.rect?
5．Cin.dy, are you free to.night?
6．She didn't do her home.work, did she?（答えを求める）
7．Would you like to go out to.night?
8．What's your name?（丁寧に）

　　日本語の疑問文は，文末の助詞「か」の一音節だけを上げればよいが，英語では，最後に来る文強勢で上げ，そのレベルを最後まで保持させる。

1.3　上昇＋下降イントネーション型

このパターンは次の場合に用いる。

１．選択を表す疑問文（A, B,…or X）

　　例　　Would you like tea or cof. fee?

２．連続文（A, B…and X）

　　例　　I like mu.sic and Eng. lish.

　　同じ発話でも，上昇プラスイントネーション型と上昇イントネーション型を使い分けて異なった意味を表すことができる。

105

Do you like tea or cof.fee?（上昇プラス下降：選択）

Do you like tea or cof.fee?（上昇：何か飲み物は）

練習 11.7 CD track 31

CD を聴いて，それが何を説明しているのかを日本語で答えなさい。

「アメリカ英語：日本文化・事象を英語で紹介」

No. 1 (　　)　　No.2 (　　)　　No. 3 (　　)　　No. 4 (　　)　　No. 5 (　　)

練習 11.8 CD track 31

再度練習 11.7 の CD を聴き，その後ペアになって日本語（英語）でそれぞれを説明しなさい。　　　　　　　　　　　　　　　　　　　　　　　　**「確認（スピーキング練習）」**

練習 11.9

既に学んだリスニング・スピーキング力育成に不可欠な要素について，その理由を述べなさい。　　　　　　　　**「リスニング・スピーキング育成要素の理解・確認」**

英語の聴解力育成に必要な要素には，

(1)　世事に関する広い常識・知見

(2)　音声の特徴の理解・知識

(3)　まとまった内容の英語を聞いて瞬時に認識すし記憶する力

(4)　ネイティブ・スピーカーの音声のインプット

(5)　多様な地域的・社会的アクセント［訛り］に関する知識

(6)　文字原稿による段階的な学習

(7)　文化的背景，ないし，異文化理解

などがある。

英語の発話力育成に不可欠な要素には，

(1)　音読とシャドーイング

(2)　繰り返し練習

(3)　補償ストラテジー

(4)　機能能力(例：依頼，要求，謝罪)

イントネーション (Intonation)　**11**

(5)　社会言語能力

などがある。

練習 11.10

次の各文にイントネーションを表記しなさい。

「基本的なイントネーション型の習得」

1．Help me lift it.（丁寧な言い方で）

2．Is that your car?

3．Do you like Eng.lish?

4．Is he com.ing with you?

5．Har.ry, can you help me?

6．I like mu.sic, science, and Eng.lish.

7．Would you like me.lon or straw.ber.ry?（選択）

8．John.nie, would you like to come with us?

9．You want to im.prove your Eng.lish, don't you?（答えを求める）

10．Would you like some.thing to drink?

107

1.4 水平(平坦)イントネーション型

このパターンは次の場合に用いられ，**発話の「継続」**を表す。本書では，区切りを斜線(/)で示す。

(1) まとまった意味語群の後

1．I think / that he is fine.

2．Write it down, / or you'll for.get it.

3．She had left / by the time I ar.rived.

4．It's strange / that he doesn't know it.

5．When I was a boy, / I used to play ten.nis.

(2) 未完結の平叙文

1．I studied Eng.lish…

2．He saw me steal a knife…

日本人学習者は，発話の最後が下がりきらないことがある。その結果，聞き手に話がまだ続くと錯覚させる。次の例を参照して意味の違いを理解しなさい。

例　Tom：　　I heard you studied really hard last night. What did you study?

Junko：　（a）I studied English.

（b）I studied English…

Tom：　　（a）Really? How many hours did you study?

（b）and…?

ここまで学習したイントネーション型は，文中の意味語群の最後の文強勢に音調核がくる場合のみであったが，実際にはその他の部分にも音調核がくることもある。次の練習問題をヒントに，どのような意味の違いが生じるか考えよう。

イントネーション *(Intonation)* **11**

> **練習 11.11 CD track 32**

CD を聴いて，次の発話は，それぞれどこに音調核がきているのか確認し，それぞれ
の発話の意味の違いを考えなさい。考えがまとまったら，隣の人と答え合わせをしなさ
い。　　　　　　　　　　　　　　　　　　　**「特殊なイントネーション型の理解」**

1．（a）I'm coming.

　　（b）I am coming.

　　（c）I'm coming.

2．（a）I have plans to leave.

　　（b）I have plans to leave.

3．（a）The play was extremely dull.

　　（b）The play was extremely dull.

　　（c）The play was extremely dull.

　　（d）The play was extremely dull.

4．（a）You must go.

　　（b）You must go.

　　（c）You must go.

深澤俊昭 (2002)『英語の発音—パーフェクト学習辞典』アルク

　音調核は次のような状況下で変化する。

（1）　強調する場合—発話中，特に強調したい語句に音調核がくる。

　　I went to **school**. **(通常のパターン)**

　　I went to school. (Who went to school? **に対して**)

　　I **did** go to school. (Did you really go to school? **に対して**)

（2）　比較する場合

　　Tom is smarter than **Jim**.

練習 11.12

次の各組の Q&A を，パートを代えながら，ペアで読みなさい。

「特殊なイントネーション型の習得」

1．Who studied English yesterday?
   Tom studied English yesterday.

2．What did Tom do yesterday?
   Tom studied English yesterday.

3．When did Tom study English?
   Tom studied English yesterday.

4．Did Tom really study English yesterday?
   Yes. He did study English yesterday.

練習 11.13 CD track 10

対話文を聴いて，それぞれの内容について質問に答える問題である。各対話文について の質問は一つである。その質問に対する最も適切な答えを，A，B，C，Dの中から 選び，解答欄に記入しなさい。その後，再度対話文を聴いて，ペアになって対話文の内 容を説明しなさい。

「アメリカ英語：繰り返し練習」

Dialogue 1 (   )　　　Dialogue 2 (   )　　　Dialogue 3 (   )

Dialogue 4 (   )　　　Dialogue 5 (   )　　　Dialogue 6 (   )

イントネーション (Intonation) 11

練習 11.14

次のトピックに関して 1 分間のスピーチをしなさい。但し，以下の手順に行うこと。

「スピーチの練習」

〈題目〉

If you were asked to choose one place in your country where you would take a tourist, which one would you choose? Why? What is especially impressive about the place? Use specific examples and details to explain your answer.

(1) **30 秒考え**，その後 **1 分 30 秒**のスピーチをする。

(2) 自分が伝えたかったことを再度 **15 秒**かけて，復習する。

(3) 再度，**1 分 15 秒**のスピーチをする。

(4) 再度言葉に詰まった箇所をほかの言葉で置き換えることができるか **15 秒**間で考える。

(5) **1 分間**のスピーチをする。

練習 11.15

みんなでシャドーイングに挑戦してみよう。その際，登場人物の人間関係・会話の場面を踏まえ，どのような機能を果たそうとしているのか考えよう。

「リスニング・スピーキング練習」

(1) 人間関係：

(2) 場面：

(3) 機能：

(4) (3)の機能を果たす表現：

111

ここで学んだ重要なポイントをどのくらい理解できたか，確認しなさい。以下の項目は今後学習するすべての内容とも連動するので，十分に理解できなかったことは，再度確認を行うこと。

自己評価チェックリスト

評価基準：　　1＝全く理解できない　　　2＝理解できない
　　　　　　　3＝どちらともいえない　　4＝理解できた
　　　　　　　5＝十分理解できた

		1	2	3	4	5
11章	**イントネーションとは**：話し言葉のメロディーを指す					
	下降イントネーション型はどのような場合に用いるのか：断定・完結を意図する場合					
	上昇イントネーション型はどのような場合に用いるのか：答えを求める疑問文・不可疑問文，呼びかけ，命令文や wh-疑問文に丁寧な意図を伝える場合					
	上昇プラス下降イントネーション型はどのような場合に用いるのか：相手に選択を与える場合と連続文の場合					
	水平イントネーション型はどのような場合に用いるのか：相手にまだ発話が終わってないことを知らせる場合					
	特殊なイントネーション型はどんな場合に用いるのか：ある語を強調する場合や比較する場合					
1章	**リスニング力育成に必要な要素**					
	スピーキング力育成に必要な要素					

═ MEMO ═

....

....

....

....

....

....

....

....

子 音

(Consonant)

Chapter 12

第**12**章

子 音
(Consonant)

1 子音(Consonant)とは

呼気がいずれかの調音(発音)器官に妨げられたり止められたりしたときに生じる音が子音である。個々の音を示す発音記号をしっかり理解し，その記号を見て無意識に音を復元できるようにしておく必要がある。そこで，本書では，一般に活用されている国際音声記号（International Phonetic Alphabet)を列記する。

発音記号(子音)一覧表

記号	例	記号	例
1．/p/	pea	15．/j/	yes
2．/b/	bee	16．/l/	long
3．/t/	tea	17．/r/	right
4．/d/	day	18．/tʃ/	chance
5．/k/	key	19．/dʒ/	judge
6．/g/	guy	20．/m/	mit
7．/f/	face	21．/n/	nice
8．/v/	voice	22．/ŋ/	sing
9．/h/	he	23．/ʃ/	she
10．/θ/	think	24．/ʒ/	vision
11．/ð/	this		
12．/s/	sit		
13．/z/	zip		
14．/w/	win		

本書では，日本人学習者が特に気を付けるべき子音のみに焦点を当てて，説明することとする。

1．[p]，[t]，[k]

英語の[p]，[t]，[k]の発音で大切なことは，息を声道内に溜めてから一気に押し出して発音することである。日本人学習者がよく間違うのは，気音(aspiration)を伴わずに発音するために，英語を母語とする話者に[b]，[d]，[g]の音と間違われることである。

強勢(アクセント)のある音節の初めにこれらの音がある場合には，一気に呼気をだすことが

子 音 *(Consonant)* **12**

肝要である。

　[p]は**唇をしっかり閉じて**一気に呼気を出す。[t]は**舌先を歯茎にしっかり付けて**一気に呼気を出す。[k]は**舌の後方部を軟口蓋に押し付けて**一気に呼気を出す。

練習 12.1 CD track 33

CDを聴いて，[p]の音に注意しながら発音しなさい。　　　　　「**[p]の習得**」

　　1．pea　　　2．pen　　　3．push　　　4．pass　　　5．pitch

練習 12.2 CD track 34

　CDを聴き，シャドーイングし，その後全文を書き取りなさい。その際，[p]の発音に注意すること。　　　　　　　　　　　　　　「**リスニング・発音練習**」

　　1．(　　　　　　　　　　　　　　　　　　　　　　　　　)
　　2．(　　　　　　　　　　　　　　　　　　　　　　　　　)
　　3．(　　　　　　　　　　　　　　　　　　　　　　　　　)
　　4．(　　　　　　　　　　　　　　　　　　　　　　　　　)
　　5．(　　　　　　　　　　　　　　　　　　　　　　　　　)
　　6．(　　　　　　　　　　　　　　　　　　　　　　　　　)
　　7．(　　　　　　　　　　　　　　　　　　　　　　　　　)
　　8．(　　　　　　　　　　　　　　　　　　　　　　　　　)

練習 12.3 CD track 35

CDを聴いて，[t]の音に注意しながら，次の単語を発音しなさい。　　「**発音練習**」

　　1．tie　　　2．tip　　　3．take　　　4．teach　　　5．tennis

練習 12.4

ペアを組み，一人が先生役で1〜4を読み，パートナーに復唱させる。ただし，復唱はテキストを見ないで行う。役を交代して，5〜8の練習を続けなさい。**「音読練習」**

1. Cut it out!
2. Take it or leave it.
3. Ten times two is twenty.
4. Can you tell me what time it is?
5. Why don't you write him a note?
6. Tim's been teaching English for ten years.
7. Our teacher told us to buy two textbooks.
8. Tell me how to take notes effectively in English.

練習 12.5 CD track 36

CDを聴いて(pの項)，[k]の音に注意しながら発音しなさい。 **「発音練習」**

1. kick　　2. keep　　3. cot　　4. copy　　5. Come

練習 12.6

ペアを組み，一人が先生役で1〜4を読み，パートナーに復唱させる。ただし，復唱はテキストを見ないで行う。役を交代して，5〜8の練習を続けなさい。**「音読練習」**

1. Kim came from Korea.
2. Kate hates to study physics.
3. Ask me questions about the test.
4. Keep talking until I say 'stop'.
5. Mastering English is a piece of cake.
6. Have confidence. I know you can do it.
7. Mike, would you like to go skiing or skating?
8. It's not easy for Kathy to keep the promises she makes.

子 音 (Consonant) **12**

練習 12.7 CD track 28

CD を聴き，全文を書き取りなさい。　　　　　　　**「リスニング：繰り返し練習」**

....

....

....

....

練習 12.8 CD track 10

　CD で 3 つの対話文を聴き，それぞれの内容について質問に答える問題である。各対話文について質問が一つずつあるので，最も適切な答えを，A，B，C，D の中から選び，解答欄に記入しなさい。　　　　　　　**「リスニング：繰り返し練習」**

Dialogue 1 (　　　)　　　Dialogue 2 (　　　)　　　Dialogue 3 (　　　)

Dialogue 4 (　　　)　　　Dialogue 5 (　　　)　　　Dialogue 6 (　　　)

練習 12.9 CD track 10

　再度練習 12.8 の CD を聴き，それぞれの対話文を日本語(英語)で説明しなさい。メモを取っても構わない。　　　　　　　**「内容確認・スピーキング練習：繰り返し練習」**

Dialogue 1 ....

....

....

Dialogue 2 ....

....

....

Dialogue 3 ....

....

....

Dialogue 4 ....

....

....

Dialogue 5 ....

....

....

練習 12.10 CD track 37

予備知識を活用しながらリスニングに挑戦してみよう。

「アメリカ英語：背景知識を活用したリスニング練習」

(1)　アメリカに行くことが決まったと仮定し，行く前にどのような準備が必要か
考えてみよう。

(2)　CD を聴き，内容に関しての情報交換をペアで行いなさい。

(3)　再度 CD を聴き，ペアでどのような内容であったのかを確認しなさい。

2. [θ], [s]

[θ]は日本語には存在しない音である。日本人学習者は[s]の音で代用する傾向があり注意しなければならない。この音は，**上前歯に舌先を軽く接触**させて，その隙間から息を出して発音する。それに対して，[s]は**舌先を上歯茎に接近**させ，息をしっかり出す。

[s]の方が摩擦の度合いがかなり強い。また，[θ]は英語の子音の中で一番音が弱い。

練習 12.11 CD track 38

[θə]と[Sə]を交互に5回ずつ発音してある。CD を聴いて，違いを確認しなさい。

「2つの音の違いを認識」

[θə], [Sə], [θə], [Sə], [θə], [Sə], [θə], [Sə], [θə], [Sə]

子 音 (Consonant) **12**

今度は，同じ音を5回ずつ発音している。再度違いを確かめなさい。

[θə], [θə], [θə], [θə], [θə]

[Sə], [Sə], [Sə], [Sə], [Sə]

練習 12.12 CD track 39

CDを聴いて，聞こえてくる音を発音記号で示しなさい。それぞれの音は1回ずつしか発音されない。　　　　　　　　　　　　　　　　　　**「音の違いを理解」**

1.(　　) 　2.(　　) 　3.(　　) 　4.(　　) 　5.(　　)

練習 12.13 CD track 40

次の各文を聴いて，(　　)内のどちらの単語を発音しているか，正しい方を○で囲みなさい。　　　　　　　　　　　　　　　　　　**「文中で音の違いを理解」**

1．It's very (sick/thick).

2．I always (sink/think) in the pool.

3．The boy was just (teasing/teething).

4．Try to pronounce (z's/these) more clearly.

5．She's got a big (mouse/mouth).

練習 12.14 CD track 41

CDを聴いて，[θə]の音の発音練習をしなさい。それぞれの単語の前に，3回[θə], [θə], [θə]と言ってから発音している。　　　　　　　　　　　**「発音練習」**

1．thief 　　2．thick 　　3．teeth 　　4．death 　　5．method

6．anything 　7．path 　　8．bath 　　9．fifth 　　10．both

> **練習 12.15 CD track 42**
>
> CDを聴いて，[s]の音に注意しながら，次の単語を発音しなさい。　　　**「発音練習」**
>
> 1. see　　　2. sick　　　3. said　　　4. speak　　　5. century
> 6. describe　7. receive　8. bus　　　9. desks　　10. moss
> 11. class

3. [l], [r]

（a）　[l]

　　[l]の音は日本語には存在しない。日本語の「ラ」行音は，舌先が軽く上歯茎を弾くように発音するのに対して，**英語では，舌先をしっかりと上歯茎に押し当てて，息を舌の両側，または，片側から放出して発音する。**

> **練習 12.16 CD track 43**
>
> 日本語の「ラ」行音と英語の[l]に母音を付けた[la]，[li]，[lu]，[le]，[lo]を交互に録音してある。CDを聴いて，その違いが聴き取れるか確認しなさい。
>
> 　　　　　　　　　　　　　　　　　**「[l]と日本語の「ラ」行音の違いを認識」**
>
> 「ラ」，「リ」，「ル」　「レ」，「ロ」
> [la]，　[li]，　[lu]，　[le]，　[lo]
> 「ラ」，「リ」，「ル」　「レ」，「ロ」
> [la]，　[li]，　[lu]，　[le]，　[lo]

> **練習 12.17**
>
> 違いが認識できたところで，実際に発音してみよう。　　　**「[l]と「ラ」行音の発音」**
>
> 「ラ」，「リ」，「ル」　「レ」，「ロ」
> [la]，　[li]，　[lu]，　[le]，　[lo]
> 「ラ」，「リ」，「ル」　「レ」，「ロ」
> [la]，　[li]，　[lu]，　[le]，　[lo]

子 音 *(Consonant)* **12**

練習 12.18 CD track 44

　CD を聴いて，[l]の音に注意して，次の各語を発音しなさい。[l]の音は練習用として，誇張して発音している。　　　　　　　　　　　　　　　　　　「発音練習」

let　　　Lee　　　feel　　　deal　　　little　　　allege　　　tunnel

（ b ）　[r]

　[r]は，**舌先を歯茎・硬口蓋にそり上げて（反転させて）発音する音**である。この場合，**舌先はどこにも触れない。**日本人学習者が練習する際，唇を少し丸めて行うと発音しやすい。

練習 12.19 CD track 45

　日本語の「ラ」行音と英語の[r]に母音を付けた[ra], [ri], [ru], [re], [ro]を交互に 2 回ずつ録音してある。まず，CD を聴いて，その違いが分かるか確かめなさい。

　　　　　　　　　　　　　　　　　　　　　　　　「[r]と「ラ」行音の違いを認識」

「ラ」，　「リ」，　「ル」，　「レ」，　「ロ」

[ra]，　[ri]，　[ru]，　[re]，　[ro]

「ラ」，　「リ」，　「ル」，　「レ」，　「ロ」

[ra]，　[ri]，　[ru]，　[re]，　[ro]

練習 12.20

　違いが認識できたところで，実際に発音してみよう。

　　　　　　　　　　　　　　　　　　　　　　　　「[r]と「ラ」行音の違いを発音」

「ラ」，　「リ」，　「ル」，　「レ」，　「ロ」

[ra]，　[ri]，　[ru]，　[re]，　[ro]

「ラ」，　「リ」，　「ル」，　「レ」，　「ロ」

[ra]，　[ri]，　[ru]，　[re]，　[ro]

121

練習 12.21 CD track 46

CDを聴いて，[r]の音に注意して，次の各語を発音しなさい。[r]の音は練習用として，誇張して発音している。 「[r]の発音練習」

1．rat   2．rock   3．read   4．relief   5．refuse

練習 12.22 CD track 47

以下の各文をCDで聴いて，[l]と[r]のうちどちらを発音しているか，正しい方を○で囲みなさい。 「アメリカ英語：[l]，[r]の識別」

1．You have the (wrong, long) number.
2．Let's (pray, play).
3．Let me (correct, collect) your compositions.
4．His name is (Kerry, Kelly).
5．A little knowledge goes a (long, wrong) way.
6．When they saw it, the children cried out in (flight, fright).

練習 12.23 CD track 48

CDを聴き，シャドーイングしなさい。その後，全文を書き取りなさい。 「アメリカ英語：シャドーイング・書き取り練習」

子　音 *(Consonant)*　**12**

練習 12.24　CD track 49

CD を聴き，以下の文を書き取りなさい。その後，音読しなさい。

「アメリカ英語：リスニング練習・音読」

1. (   )
2. (   )
3. (   )
4. (   )
5. (   )
6. (   )
7. (   )

練習 12.25　CD track 50

3つの対話文を聴いて，内容に合った適切な回答をA～Dの中から一つ選びなさい。

「オーストラリア英語：リスニング練習」

Dialogue 1 (　　　)　　　Dialogue 2 (　　　)　　　Dialogue 3 (　　　)

4．子音と母音の長さの関係

　母音は，後続する音が有声音の場合と無声音の場合とでは長さが違う。つまり，母音は，有声音の直前にある場合の方が，無声音の直前にある場合よりも長く発音される。なお，母音は，後続音がない場合，つまり休止の直前では最も長い。

　　a．knee ＞ need ＞ neat
　　b．Hi ＞ hide ＞ height
　　c．bag ＞ back
　　d．code ＞ coat

練習 12.26　CD track 51

各語群中の単語の母音の長さの違いを CD を聴いて確認し，その後，練習しなさい。

「アメリカ英語：発音上達」

　1．height　　　　　hide　　　　　high

123

2. rice   rise   rye

3. leaf   leave   Lee

4. teeth   teethe   tea

5. back   bag   …

練習 12.27

今学期学んだ（1）聴解力育成に必要な要素，（2）発話力育成に必要な要素，（3）やる気を継続するために必要な要素に関して復習しよう。

（1）　**英語の聴解力育成に必要な要素**

  （1）　世事に関する広い常識・知見

  （2）　音声の特徴の理解・知識

  （3）　まとまった内容の英語を聞いて瞬時に認識し記憶する力

  （4）　ネイティブ・スピーカーの音声のインプット

  （5）　多様な地域的・社会的アクセント［訛り］に関する知識

  （6）　文字原稿による段階的な学習

  （7）　文化的背景，ないし，異文化理解

（2）　**英語の発話力育成に必要な要素**

  （1）　音読とシャドーイング

  （2）　繰り返し練習

  （3）　補償ストラテジー

  （4）　機能能力（例：依頼，要求，謝罪）

  （5）　社会言語能力

（3）　**やる気を継続するために必要な要素**

  （1）　明確な英語学習理由

  （2）　自己効力感

  （3）　学習方略・メタ認知能力

  （2）　現在の自分・理想的な自分の具体的な確立

練習 12.28

最初の講義で配布した英語学習計画表に今後の大学生活を踏まえて，目標を書き込もう。

子 音 (Consonant) **12**

　ここで学んだ重要なポイントをどのくらい理解できたか，確認しなさい。以下の項目は今後学習するすべての内容とも連動するので，十分に理解できなかったことは，再度確認を行うこと。

自己評価チェックリスト 評価基準：　　1＝全く理解できない　　　　2＝理解できない 　　　　　　　3＝どちらともいえない　　　4＝理解できた 　　　　　　　5＝十分理解できた	1	2	3	4	5
12章 **[p], [t], [k]の発音で注意する点**：アクセントがくる音節にこれらの音がくる場合には，気音をしっかりと出す					
[θ], [s]の発音で注意する点：[s]は舌先を歯茎に接近させ，摩擦音を強く発音する。[θ]は英語の子音の中で一番弱い音なので，弱く発音する					
[l], [r]の発音で注意する点：[l]は舌先を歯茎にしっかりと押し付けて発音する。[r]は唇を少し丸めて，舌先を反転させて発音する。その際，舌先はどこにも触れないようにする					
子音と母音の長さの関係：high>hide>height					
英語の聴解力育成に必要な要素とは：7つの要素					
英語の発話力育成に必要な要素とは：5つの要素					
1章 **やる気を継続させる方法とは**：メタ認知能力，現在の自分・理想的な自分の具体的な確立（1章の復習）					

＝ MEMO ＝

おわりに

　本書で，英語聴解力・発話力育成に必要な要素，やる気を持続させる方法を英語の音声変化，リズム，子音の発音，および音律の体系などを学習しながら習得してきた。

　私たちが日常話している日本語でも，地域差によるお国訛りや方言があって，一様ではない。ましては，広く世界各地で話されている英語は"World Englishes"と複数形で表されるほどに多様である。本書では，アメリカ英語，イギリス英語，オーストラリア英語を学習してきたが，今後様々な英語の特徴を洋画を通じて学習していく必要がある。

　また，話し手と聞き手の間柄，お互いの目線，所作，ジェスチャーなどの果たす役割も過小評価できない。**言語伝達の中で，顔の表情・身体の動作・声の操作・空間の取り方などの非言語伝達，即ちノンバーバル・コミュニケーションの占める割合は 70%を超えるとの説もある。**

　行為で表現したり，距離を置くことによって警戒心を表すなど，言葉によらずに自分の気持ちや意思を相手に伝えるのは，人間として普遍的なものである。しかし，**非言語伝達には，個々の社会の様式や文化のよって規定されるものが多く，異文化理解の重要性は円滑なコミュニケーションを図る上で重要な役割を果たすことを念頭において学習することが肝要である。**

　非言語伝達能力は独自の文化・社会様式の中での成長過程で身に付くものであるから，その社会に入って習得するのが最善の策に違いない。しかし，それが不可能でも諦めることはない。次善の策は DVD などを活用することである。例えば，映画の教材では，様々なシーンで状況判断ができ，心的態度と連動させてセリフも読みとれる。

　本書で学習した英語聴解力・発話力育成に欠かせない要素を今後継続的に学習することで，卒業時には社会で通用する英語力の習得が可能であると確信している。学生諸君が本書で培った学習法を土台として，いろいろな機会を捉え，さらに英語力を高めて，国際社会で活躍されることを期待する。

主な参考文献

アルク英語企画開発部編『英語で歌おう！ポップス編』(2002)アルク

島崎美登里, Paul Wadden, Robert Hilke (2006)『TOEFL (R) 大戦略：TOEFL テストスピーキング問題 130』旺文社

戸髙裕一(2008)『*Oral communication*—英語の聴解力・発話力の養成』宮崎学術振興財団の助成金による

戸髙裕一(2009)「第二言語習得理論のまとめ：国際編」『英語音声学』no. 13, 日本英語音声学会, pp. 379-394

戸髙裕一(2009)「第二言語習得理論のまとめ：国内編」『英語音声学』no. 13, 日本英語音声学会, pp. 395-416

戸髙裕一, 御園和夫, 伊達民和, 谷口雅基, 都築正喜 (2010)『英語教員を目指す学生に必要なリスニングとスピーキング力の育成』科研費(課題番号 20520511, 2008～2010)の助成金による

深澤俊昭(2002)『英語の発音—パーフェクト学習辞典』アルク

横山安紀子(2002)『これ一冊で英語のリスニングがマスターできる！』ナツメ社

Backman, L., & Palmer, A. (1996) *Language testing in practice.* Oxford, UK: Oxford University Press.

Bandura, A. (1977) Self-efficacy: Toward a unifying theory of behavioral changes. *Psychological Review, 84,* 191-215.

Celce-Murcia, M., Brinton, D., & Goodwin, J. (1996) *Teaching pronunciation: A reference for teachers of English to speakers of other languages.* Cambridge: Cambridge University Press.

Dornyei, Z. and Csizer, K. and Nemeth, N. (2006) *Motivation, language attitudes and globalization: A hungarian perspective.* Clevedon: Multilingual Matters.

Gilbert, J. (1993) Clear speech: *Pronunciation and listening comprehension in North American English.* Cambridge: Cambridge University Press.

Ladefoged, P. (2002) *A course in Phonetics.* Cambridge: Cambridge University Press.

McMahon, R. (2003) *Presenting Different Opinions,* 南雲堂

Prator, C., & Robinett, B. (1985) *Manual of American English pronunciation.* Harcourt Brace Jovanovich, INC.

Todaka, Y. (2006) Shadowing in tandem with extensive phonetic training: Japanese EFL learners gain confidence in English communicative skills. *Journal of English Phonetics, 9 & 10* : 335-354.

模範解答

(練習 1.2)   Q1 A   Q2 A
(練習 2.4)

A：Are you comfortable in your new life now, Bill?

B：Yes, I am. I like it here.

A：Don't you think food in Japan is very expensive?

B：Not really.

A：Well, I think it's expensive.

B：Yes, eating out is expensive, but I usually eat at home.

A：I didn't know you could cook.

B：Well, actually I can't cook. I just cook rice and put mayonnaise on it.

A：That's crazy!

B：No, It isn't crazy. I like rice and mayonnaise.

(練習 3.1)

1．DA-da (as in teacher)

2．da-DA-da (as in production)

3．DA-da-da (as in library)

4．DA-da-DA-da (as in secretary)

5．da-DA-da-da (as in photography)

6．da-DA-da-DA-da (as in examination)

(練習 3.5)

1．The president lives in the White House.

2．My friend lives in a white house.

3．He is an English teacher (英国人)

4．I want to be a high school English teacher.

5．I know that dancing girl. (踊ってる少女)

(練習 3.8)

1．He took his shoes off.

2．He took off his shoes.

3．She put it on.

4．She put her hat on.

5．He turned down the TV.

6．He turned the TV down.

7．I want to give up smoking.

8．I want to give smoking up.

9．Please turn off the light.

10. Please turn the light off.

(練習 3.9)

1．(black bird クロウタ鳥)

2．(English teacher 英語教師)

模範解答

　　3．(Los Angeles)

　　4．(apple pie)

　　5．(green house 温室)

　　6．(wake up)

　　7．English teacher イギリス人教師

　　8．white house 白い家

　　9．black bird 黒い鳥

　　10．green house 緑の家

(練習 3.10)

　　No. 1　　A　　　　No. 2　　B　　　　No. 3　　C

(練習 3.12)

　　Dialogue 1　　A　　　　Dialogue 2　　C　　　　Dialogue 3　　A　　　　Dialogue 4　　B

　　Dialogue 5　　B　　　　Dialogue 6　　A

復習 I

1・2章

1．音はどのように生成されるのか。次のキーワードを使い説明しよう。

　(1) 肺から吐き出す空気(呼気：音声音生成の動力源)

　(2) 発音(調音)器官を動かす(様々な音声の生成)

2．無声音・有声音の違いは。また，どのように判別できるのか。

　声帯振動の有無(有声音：伴う，無声音：伴わない)

　指先を喉に軽く当てて，振動の有無の確認

3．日本人学習者にとっての発声訓練の意義は何だっただろうか。また，正しい発声訓練法とはどのようなものだったか。

　声が遠くまで効果的に届くようにするために，腹式呼吸式の発声練習を行う。

4．基本的な調音(発音)法はどのように役に立つのか。

　アメリカ人が話す日本語には英語の訛りがある。よって，その話し方を模倣することで，英語音声の特徴の理解につながる。

5．リスニング力育成に必要な要素の中で，(1)背景知識と(2)音声の特徴の理解がどうして重要なのか。

　(1) 背景知識：様々なテーマのリスニング問題に対応できるように，日頃から新聞等で背景知識を培う。

　(2) 日本人学習者が想像している発音と母語話者の発音には大きな違いがあるので，音声の特徴を理解することで，その差を埋めることができる。

6．スピーキング力育成のために必要な要素として，(1)音読(read aloud)とシャドーイングと(2)繰り返し練習がどうして重要なのか。

　(1) 音読をすることで，英語を口から出すことに慣れ，また，発音を意識した音読により，発音上達にもつながる。シャドーイングに関しては，人間関係・状況・話以外の要素に注意を促しながら練習することで，実際に会話をする際に適切な表現を身に付けることができる。

　(2) 何度も「楽習」しなければ実際に使える英語は身に付かない。

129

3章

1. 日本語と英語のアクセントの違いについて説明しなさい。

   日本語は高低アクセントで，音の高低でアクセントを示す。英語は強勢アクセントで，音の高低のみならず，長さ，強さの要素も含めた要素でアクセントを示す。

1. 合成名詞(compound nouns)のアクセントと(形容詞＋名詞から成る)名詞句(noun phrases)のアクセントの違いを説明しなさい。

   合成名詞の場合には，第一要素に強勢が来るが，名詞句の場合には第二の要素に強勢が来る。

2. 句動詞(phrasal verbs)のアクセントについて説明しなさい。

   基本的に，副詞に強勢が来る。ここで気を付けないといけないことは，例えば，' Sit down' の場合，動詞に強勢を置くと高圧的な発言になる。

3. 句動詞で名詞目的語(noun object)が副詞の後にくる場合のアクセントはどのようなパターンなのか説明しなさい。

   基本的に副詞に強勢が来る。(例，Turn ON the light.)

4. 句動詞で名詞目的語が動詞と副詞の間にくる場合のアクセントはどのようなパターンなのか説明しなさい。

   基本的に名詞に強勢が来る。(例，Turn the LIGHT on.)

5. 句動詞で名詞目的語が代名詞(pronoun)の場合のアクセントはどのようなパターンなのか説明しなさい。

   基本的に副詞に強勢が来る。(例，Turn it ON.)

6. リスニング力育成に必要な要素の中で，(1)多様な地域的・社会的アクセント(different regional/social English accents)，(2)文字原稿(script)による段階的学習がどうして重要なのか。

   (1) 各種検定試験でのリスニングテストの話者は様々な英語の変種を話す。また，学生が海外で活躍する場合には，さらに様々な英語を話す人々との出会いがある。よって，日頃から洋画を活用し，イギリス英語，オーストラリア英語，また，他の英語にも慣れておくことが重要となってくる。

   (2) 何度聴いても分からない発話の場合，文字原稿を見ながらリスニング資料を聴くことで，学習動機の継続・学習時間の節約・学習効果等に繋がる。特にレベルの低い学生の場合には，有効である。

7. スピーキング力育成のために必要な要素として，(1)補償ストラテジー(compensatory strategy)，(2)機能能力(functional competence)がどうして重要なのか。

   (ア) 言葉に詰まり黙り込む習慣のある日本人学習者にとって，言い換え練習を行うことで，会話の継続ができるようになることを理解させることは重要である。実際の練習方法としては，1)中学校レベルの単語の言い換え，2)与えられた文レベルでの練習，3)テーマ(例，週末)を与えて実際の会話練習をさせ，言葉に詰まった際に言い換えるシミュレーション法が役に立つ。

   (イ) 様々な機能(例，依頼，紹介)が英語で果たせれば英語発話力が伸びることは理科であろう。よって，シャードーイングの際には必ずどの機能を果たしているのかを確認させ練習させることが重要となる。

（練習 *4.6*)
　　1 . (　black bird クロウタ鳥)
　　2 . (　English teacher 英語教師)
　　3 . (Los　Angeles)
　　4 . (apple　pie)
　　5 . (　green house 温室)
　　6 . (wake　up)
　　7 . English teacher イギリス人教師
　　8 . white house 白い家
　　9 . black bird 黒い鳥
　　10. green house 緑の家

（練習 *4.7*)
　　No. 1　A　　　No. 2　B　　　No. 3　C

（練習 *4.8*)
　　Dialogue 1　A　　　Dialogue 2　C　　　Dialogue 3　A　　　Dialogue 4　B
　　Dialogue 5　B　　　Dialogue 6　A

（練習 *4.11*)
　　（1）発声練習
　　（2）発音器官をほぐす。
　　（3）アメリカ人が話す日本語の模倣。

（練習 *5.2*)
　　1 . (give, hand)
　　2 . (what, do, yesterday)
　　3 . (This want, do)
　　　　(want, able, speak, English, fluently)
　　　　'able' にも強勢を置いたが，速度が速まれば 'able'，'English' も強勢がこないことが多い。
　　4 . (wanted, Bill, lend, car, said, no)
　　5 . (doesn't, like, hurry)
　　6 . (father, cleaned, basement)
　　7 . (didn't, want, leave)
　　8 . (hasn't, even, tried)
　　9 . (need, new, pajamas)
　　10. (wanted, help, forget)
　　11. (needed, call, ten)
　　12. (better, hide, John)
　　13. (what, give, answer)
　　14. (afraid, hard, back)
　　15. (think, doing, wrong)
　　16. (thought, pretty, was)
　　17. (took, sister, movies)
　　18. (father, busy)

(*練習* 5.3)

1. He doesn't like to hurry.
2. Her father cleaned the basement.
3. I didn't want to leave her.
4. He hasn't even tried it.
5. They need some new pajamas.

(*練習* 5.4)

Question 1　C　　　　Question 2　C

(*練習* 5.7)

Question 1　A　　　　Question 2　A

(*練習* 5.8)

1. I don't think you can succeed in a business venture.
2. Hello, Mrs. White. I'm Professor John Morris, and this is Professor Craig Smith.
3. Here's a picture of him taken about a month ago.
4. Well, it looks like we finally solved it.
5. I'll pick you up at two o'clock at Central Park West and 86Th.
6. As usual, you've been a great help. Cindy, let's pay Mr. Yamada a visit.
7. They must have arrived just as we were leaving.
8. Mike, we'll be back in a few hours. Lisa and I are going to the airport to have a word with Richard Nelson.
9. I appreciate the offer, but I'm a little busy at the moment.
10. Did you have a chance to take a look at that computer disk?

(*練習* 6.3)

1. (met, station)
2. (interesting, assignment, lesson)
3. (friend, need, friend, indeed)
4. (Jack, Jill, up, hill, fetch, pail, water)
5. (John's, away, business)

(*練習* 6.4)

This bar graph (chart) explains the English study habits of college students living in Tokyo, Nagoya, and Osaka. You can see the hours of study for the months of January through April. The students in Osaka studied English for 30 point 5 hours in January⋯.

(*練習* 6.5)

1. Give me a hand?
2. They are making progress daily.
3. I think you can master English if you try really hard.
4. I wanted Bill to lend me his car, but he said no.
5. The boy is interested in enlarging his vocabulary.
6. She brought us food.

7．Bob is on this bus.

8．June is a nice month.

9．You shouldn't give up so easily.

10．What time do you plan to leave?

(練習 6.7)

Laˈdies and geˈntlemen, thaˈnk you for choˈosing Japˈan Aˈirlines. The cˈabin attendants will nˈow mˈake their fˈinal cˈabin check before we take ˈoff. If you have any quˈestions regarding sˈafety, pleˈase ˈask a cˈabin attendant at thˈis tˈime. Pleˈase make sˈure that ˈall of your cˈarry-on ˈitems are put awˈay, and your seˈat back is in the fˈull ˈupright posˈition, and your seˈatbelt is fˈastened.

(練習 7.2)

Passage 1：Question 1　A　　　Question 2　A

Passage 2：Question 1　C　　　Question 2　C

(練習 7.4)

1．Give me a hand?

2．They're making progress daily.

3．I think you can master English if you try really hard.

4．I wanted Bill to lend me his car, but he said no.

5．The boy is interested in enlarging vocabulary.

6．She brought us food.

7．Bob is on this bus.

8．June is a nice month.

9．You shouldn't give up so easily.

10．What time do you plan to leave?

(練習 7.7)

(1)音はどのように作られるのか

　　発音器官を動かす；肺から吐き出す空気を動力源とする

(2)日本語と英語のアクセントの違いは何か

　　高低アクセントと強勢アクセント

(3)合成名詞のアクセントは

　　第一要素に強勢が来る

(4)名詞句のアクセントは

　　第二要素にアクセントが来る

(5)句動詞のアクセントは

　　副詞を強勢が来る

(6)句動詞で名詞目的語が副詞の後に来る場合のアクセントは

　　副詞に強勢が来る

(7)句動詞で名詞目的語が動詞と副詞の間に来る場合にアクセントは

　　名詞目的語に強勢が来る

(8)句動詞で名詞目的語が代名詞の場合のアクセントは

　　副詞に強勢が来る

133

(9)日本語と英語のリズムの違いは

音節拍リズム；強勢拍リズム

(10)強勢移動とは

強勢の連続を避けるために強勢を受ける音節（語）が移動する

(11)英語でスピーチをする際に気を付けることは

(練習 8.1)

1．Ple'ase come 'in.
2．Wh'y d'on't you put it 'on?
3．There are thr'ee 'apples on the t'able.
4．You h'ave to clean 'up your ro'om. It's re'ally m'essy.
5．I've dec'ided to spe'ak to my fri'ends in 'English 'all the t'ime.
6．We st'ill have l'ots of t'ime to f'inish it.
7．I c'an't 'open th'is d'oor. Can you 'open it?
8．Do'n't give 'up. Y'ou can d'o it if you re'ally t'ry h'ard.
9．Can you stand 'up? I j'ust w'ant to s'ee how t'all you 'are.
10．In 'other words, you d'idn't d'o your ass'ignment for tod'ay, r'ight?

(練習 8.5)

Questions:

(1) (It is) for English learners.
(2) (They are) for finding a good job after graduation or traveling and getting to know people from other countries.
(3) (They are) increasing your vocabulary, using English outside the classroom during your leisure time, watching TV and movies in English, making friends with English speakers.

(練習 9.2)

1．Please come in.
2．Why don't you put it on?
3．I'm so happy to finally meet you, Tom.
4．Was your sister at home when that happened?
5．I'm sick and tired of hearing about the exam. Can you talk about something else?

(練習 9.3)

Ladies and gentlemen, thank you for choosing Japan Airlines. The cabin attendants will make their final cabin check before we take off.

(練習 9.4)

Dialogue 1：C
Dialogue 2：C
Dialogue 3：B

(練習 9.7)

No. 1（生け花）　　No. 2（もち）　　No.3（お盆）　　4.（台風）　　5.（畳）

(練習 10.1)

1．(meet)(her)
2．(meet)(him)
3．(give)(him)
4．(keep)(her)
5．(love)(her)
6．(find)(them)
7．(get)(them)

(練習 10.3)

1．Don't forget to bring your assignment next time.
2．I'm detective John Smith and this is Detective Mark Johnson.
3．It's on the second floor of the apartment building.
4．What does it say on the last page of his notebook?
5．Most people don't realize how difficult it is to master English.
6．Last time I saw him was at the train station near Ikebukuro.
7．Why don't you ask her how to do it?
8．The car turned to the right and stopped at the traffic light.
9．There's no need to go there.
10．This is the best class I've ever attended.

(練習 10.4)

Stella Liebeck, age 74, purchased coffee at a McDonald's drive-thru. Stella placed the coffee cup between her knees to open it to add cream and sugar. The coffee spilled on Stella. She was severely burned and spent eight days in the hospital. When McDonald's refused to pay her medical expenses, Stella sued. Stella was awarded $160,000 for pain and $ 480,000 as punishment to McDonald's.

(練習 10.6)

Two out of three Americans say that their ideal vacation would be to keep moving. 31% would prefer to spend it in just one place. 73 % would choose to vacation in a new place.

(練習 11.1)

1．See you later. (see, later)

1．Give me a break. (give, break)

2．Where's he going? (where, break)

3．I'm sor.ry to be late. (sorry, late)

4．Please read it care.ful.ly. (please, read, carefully)

5．I'm hap.py to meet you. (happy, meet)

6．Who broke the window? (who, broke, window)

7．What a beau.ti.ful car it is! (what, beautiful, car, is)

8．Where are you tak.ing us? (where, taking)

9．Please re.peat what you said. (please, repeat, what, said)

10．They are liv.ing in Los An.ge.les. (living, Angeles)

11．Tom wan.ted to tell me about it. (Tom, wanted, tell)

12．How of.ten do you stud.y Eng.lish? (How, often, study, English)

13．I won.der what he is do.ing. (wonder, what, doing)

14．What time do you u.su.al.ly get up? (what, time, usually, up)

15．You didn't break the law, did you? (同意を求めて) (didn't, break, law)

16．How much did it cost you to fix it? (how, much, cost, fix)

17．Why didn't you tell him about it? (why, didn't, tell)

18．When are you plan.ning to go to A.me.ri.ca? (when, planning, go, America)

19．You've fi.nished your home.work, haven't you? (同意を求めて)

(finished, homework)

(練習 11.2)

1．Who read the book? (who, read, book)

1．How can I get out of it? (how, out)

2．Look at the dan.cing girl. (踊っている少女) (look, girl)

3．Look at the dan.cing girl. (踊り子) (look, dancing)

4．What are you look.ing at? (what, looking)

5．She is an Eng.lish tea.cher. (英語教師) (English)

136

模範解答

6．She is an Eng.lish tea.cher.（イギリス人教師）(teacher)

7．Turn right at the traf.fic light.（turn, right, traffic）

8．How can I go to the post of.fice?（how, go, post）

9．Pre.si.dent O.ba.ma lives in the White House.
　　（President, Obama, lives, white）

10．Mr. O.ba.ma lives in a white house.
　　（Obama, lives, house）

（練習 11.3）

　A：Watch out! Don't get near the wall.
　B：Why not? What's the problem?
　A：There's wet paint.
　B：Where?
　A：On the door.
　B：When did you paint it?
　A：This morning.

（練習 11.5）

　1．Excuse me, but can you tell me the time?
　2．The sun rises in the east and sets in the west.
　3．He speaks French, Italian, and English.
　4．It's rather cool today, isn't it?
　5．Which do you prefer, tea or coffee?
　6．Listen! I thought I heard someone.
　7．They were sitting on the floor facing each other.

（練習 11.6）

　1．Do you like Eng.lish?（like, English）

　1．Does she play bas.ket.ball?（play, basketball）

　2．Do you live on Ta.chi.ba.na Street?（live, Tachibana）

　　通りの名前の場合には，'street' にはストレスは来ない。

　3．Pro.fes.sor, is this cor.rect?（professor, this correct）

　4．Cin.dy, are you free to.night?（Cindy, free, tonight）

　5．She didn't do her home.work, did she?（答えを求める）

137

(didn't, do, homework)

6．Would you like to go out tonight? (like, out, tonight)

7．What's your name?（丁寧に）(what's, name)

(練習 11.7)

　　1．生け花　　2．もち　　3．お盆　　4．台風　　5．たたみ

(練習 11.10)

1．Help me lift it.（丁寧な言い方で）(help, lift)

2．Is that your car? (that, car)

3．Do you like Eng.lish? (like, English)

4．Is he com.ing with you? (coming)

5．Har.ry, can you help me? (Harry, help)

6．I like mu.sic, science, and Eng.lish. (like, music, science, English)

7．Would you like me.lon or straw.ber.ry?（選択）(like, melon, strawberry)

8．John.nie, would you like to come with us? (Johnnie, like, come)

9．You want to im.prove your Eng.lish, don't you?（答えを求める）(want, improve, English)

10．Would you like some.thing to drink? (like, drink)

(練習 11.11)

1．(a)　I'm **coming.**（行きます）

　　(b)　I **am** coming.（私は本当に行きますよ）

　　(c)　**I'm** coming.（私が行きます）

2．(a)　I have plans to **leave.**（出かけるつもりだ）

　　(b)　I have **plans** to leave.（あとに残しておく図面がある）

3．(a)　The play was extremely **dull.**（芝居はとても退屈だった）

　　(b)　The play was **extremely** dull.（芝居はとっても退屈だった）

　　(c)　The play **was** extremely dull.（間違いなく退屈だった）

　　(d)　The **play** was extremely dull.（芝居がとても退屈だった）

4．(a) You must **go.**（行かなきゃダメだよ）

(b) You **must** go.（どうしても行かなけダメだよ）

(c) **You** must go.（君がいかなきゃダメだよ）

(練習 11.12)

1．Who studied English yesterday?

Tom studied English yesterday.

2．What did Tom do yesterday?

Tom studied **English** yesterday.

3．When did Tom study English?

Tom studied English **yesterday**.

4．Did Tom really study English yesterday?

Yes. He **did** study English yesterday.

(練習 11.13) 練習7.1の解答参照

(練習 12.2)

1．Please pass me the pepper.

2．She played the piano pretty well.

3．Philip painted a picture of his parents.

4．Practice speaking English all the time.

5．A lot of people had picnics in the park.

6．I want you to skip, hop, and leap in the air.

7．Peter purchased a pie of pie at the pie shop.

8．You promised me to pick up the pizza at the pizza shop.

(練習 12.7)

Two out of three Americans say that their ideal vacation would be to keep moving. 31% would prefer to spend it in just one place. 73 % would choose to vacation in a new place.

(練習 12.8)

Dialogue 1 : A Dialogue 2 : C Dialogue 3 : A Dialogue 4 : B Dialogue 5 : B

(練習 12.10)

When a student from another country comes to study in the United States, he has to find the answers to many questions, and he has many problems to think about. Where should he live? Would it be better if he looked for a private room off campus or if he stayed in a dormitory? Should he spend all of his time just studying? Shouldn't he try to take advantage of the many social and cultural activities which are offered? At first it is not easy for him to be casual in dress, informal in manner, and confident in speech. Little by little he learns what kind of clothing is usually worn here to be casually dressed for classes. He also learns to choose the language and customs which are appropriate for informal situations. Finally he begins to be sure of himself. But let me tell you, my friend, this long awaited feeling doesn't develop suddenly, does it? All of this takes practice.

(練習 12.12)

1. (s)　　**2.** (s)　　**3.** (θ)　　**4.** (s)　　**5.** (θ)

(練習 12.13)

1. It's very (sick/ thick).
2. I always (sink /think) in the pool.
3. The boy was just (teasing /teething).
4. Try to pronounce (z's/ these) more clearly.
5. She's got a big (mouse /mouth).

(練習 12.22)

1. You have the (wrong , long) number.
2. Let's (pray, play).
3. Let me (correct, collect) your compositions.
4. His name is (Kerry , Kelly).
5. A little knowledge goes a (long, wrong) way.
6. When they saw it, the children cried out in (flight, fright).

(練習 12.23)

You have a problem with authority, Mr. Smith. You believe that you are special, and that somehow the rules do not apply to you.. Obviously, you are mistaken. This company is one of the top software companies in the world. Every single employee understands that they are part of a whole. So, when employees have a problem, the company has a problem. Do you understand that, Mr. Smith?

(練習 12.24)

1. I'd like to see a movie.
2. It starts at eight o'clock.
3. He's a very handsome man.
4. I don't have time to help you.
5. You shouldn't give up.
6. I have to get there as soon as possible.
7. I'd like to get a glass of orange juice.

(練習 12.25)

Dialogue 1：Question1　A
Dialogue 2：Question2　B
Dialogue 3：Question3　A

················ 著者紹介 ················

戸髙裕一（とだか　ゆういち）

1959 年生まれ
1990 年　カリフォルニア大学（UCLA）大学院英語教授法修士号取得
1993 年　カリフォルニア大学（UCLA）大学院応用言語学博士号取得
現　　在　宮崎公立大学教授

これ一冊で英語のリスニング・スピーキングが上達!!〈第2版〉

2014 年 1 月 15 日　第一版第一刷発行
2019 年 1 月 20 日　第二版第一刷発行

著　者　戸　髙　裕　一
発行者　田　中　千津子

発行所　〒 153-0064 東京都目黒区下目黒 3-6-1
　　　　☎ 03（3715）1501　FAX03（3715）2012　株式会社 学文社
　　　　振替　00130-9-98842

検印省略　　　　　　　　　　　　© 2019 Todaka Yuichi Printed in Japan
印刷所／新灯印刷株式会社　　　http://www.gakubunsha.com
ISBN978-4-7620-2867-0